EDUCAÇÃO FINANCEIRA

ORÇAMENTO PESSOAL E INVESTIMENTOS

José Carlos Carota

EDUCAÇÃO FINANCEIRA

ORÇAMENTO PESSOAL E INVESTIMENTOS

Freitas Bastos Editora

Copyright © 2021 by José Carlos Carota.
Todos os direitos reservados e protegidos pela Lei 9.610, de 19.2.1998.
É proibida a reprodução total ou parcial, por quaisquer meios,
bem como a produção de apostilas, sem autorização prévia,
por escrito, da Editora.

Direitos exclusivos da edição e distribuição em língua portuguesa:

Maria Augusta Delgado Livraria, Distribuidora e Editora

Editor: *Isaac D. Abulafia*
Capa e Diagramação: *Jair Domingos de Sousa*

DADOS INTERNACIONAIS PARA CATALOGAÇÃO
NA PUBLICAÇÃO (CIP)

C293e

    Carota, José Carlos

    Educação financeira: orçamento pessoal e investimentos
    José Carlos Carota. – Rio de Janeiro : Freitas Bastos, 2021.

    118 p. ; 16cm x 23cm.

    ISBN: 978-65-5675-078-1

    1. Educação financeira. 2. Orçamento pessoal. 3. Investimentos.
    I. Título.

        2021-3032   CDD 332.024   CDU 330.567

Freitas Bastos Editora

Tel. (21) 2276-4500
freitasbastos@freitasbastos.com
vendas@freitasbastos.com
www.freitasbastos.com

PREFÁCIO

Nós do Instituto a Luz ministramos cursos na área esotérica e mística há mais de 30 anos, falando de espiritualidade, autoconhecimento e responsabilidade pela sua vida pessoal.

Ao longo do tempo, entendemos que as pessoas que aqui faziam os cursos melhoravam suas buscas espirituais, mas continuavam com grandes problemas financeiros, e a partir deste ponto começamos a busca para entender e resolver esta situação.

Quando estudamos os mestres ascencionados e os grandes avatares de todas as religiões, nos deparamos com ensinamentos de prosperidade e financeiros, pois, todos estes mestres foram ricos e abastados financeiramente, visto que, não existe mendigo ascencionado.

Foi quando em curso estava o Dr. José Carlos Carota, quando nos tornamos amigos, e após alguns trabalhos juntos montamos um projeto de Inteligência Financeira para ensinar aos alunos o que estávamos fazendo para nós mesmos na parte financeira e em Renda Fixa, Fundos de Investimentos, Fundos Imobiliários, Renda Variável e Bolsa de Valores.

Isto porque o Brasil no ano de 2019 mudou: juros baixos, crescimento econômico em todos os sentidos, combate à corrupção, transparência, novos acordos comerciais em nível mundial, seriedade, portanto, daqui em diante nós todos vamos ter que aprender a cuidar pessoalmente das nossas economias de uma vida inteira, não podemos deixar nosso rico patrimônio à mercê dos Bancos, que cada vez mais nos cobram taxas exorbitantes, cestas básicas mensais de tarifas, não nos retornando crescimento financeiro algum, portanto, não podemos ficar parados esperando que algo aconteça em nossas vidas.

Você é responsável pelo seu Dinheiro.

Você vai ter que aprender, e este livro trata exatamente deste paradigma que tem que ser quebrado por todos nós brasileiros.

Nos Estados Unidos da América 55% dos indivíduos investem em Bolsa de Valores, no Brasil, neste momento, apenas 3%. Por este motivo tanta pobreza, e apenas 1% dos brasileiros detém a riqueza, podendo manipular o povo → **"Você".**

Não perca tempo, devore este livro, pois ele é um manual para melhorar sua vida financeira, seja Rico e Espiritualizado.

JOSÉ ALVES FILHO
INSTITUTO A LUZ
PESQUISA METAFÍSICA

APRESENTAÇÃO

No Brasil a cultura da Inteligência Financeira para controle do orçamento pessoal e a realização de investimentos para a pessoa física é relativamente nova.

Observamos que a grande maioria das Instituições de Ensino Superior e até as de Ensino Médio infelizmente não possuem esta disciplina para o corpo discente em seu curriculum acadêmico.

Verifica-se que a consequência desta falta de cultura financeira evoluída gera um grande descontrole financeiro para a maioria da população, causando altos índices de inadimplência e trazendo sofrimento na qualidade de vida das famílias em virtude das privações, que fatalmente ocorrem.

Para os que investem no mercado financeiro a situação também não é muito diferente, pois a falta de informação e conhecimento do mercado financeiro para o investidor conduz o mesmo a investir em opções menos rentáveis e até arriscadas, trazendo grandes perdas a médio e longo prazo, que certamente irá afetar a sustentabilidade do investidor no futuro.

Para termos uma ideia, nos Estados Unidos a maioria da população investe na Bolsa de Valores e no Brasil, mal chegamos a 3% em 2021.

A proposta deste trabalho é fornecer instrumentos para controle do orçamento financeiro pessoal, e através da inteligência financeira disciplinar e evitar os gastos desnecessários e reduzir eventual endividamento, fatores que certamente ocorrem para todos nós, e por fim, fornecer de forma concisa técnicas e informações para investir corretamente no mercado de renda fixa e variável de forma que se possa colher melhores resultados garantindo a sustentabilidade futura. Certamente é um livro que vai modificar a sua vida!

Esta é nossa proposta de processo de transformação!

JOSÉ CARLOS CAROTA

SUMÁRIO

1 – Introdução..1

2 – A Métafísica das Finanças.................................3

3 – Orçamento Pessoal – Previsão e Controle das Finanças 5

4 – Poupando Despesas e Investimentos Desnecessários 13

5 – Aposentadoria – Previdência Pública – INSS 46

6 – O Mercado de Trabalho e a Industria 4.0 50

7 – Investimentos em Renda Fixa – Teoria & Prática.........................62

8 – Informações Relevantes para o Investidor.......................75

9 – Investimentos tm Renda Variável – Teoria & Prática 85

10 – Considerações Finais...103

11 – Referências Bibliográficas 106

1

INTRODUÇÃO

A presente obra tem como objetivo ser um instrumento para controle do orçamento pessoal e das receitas e gastos diários, no sentido de indicar **"para onde foi (ou vai) o meu salário mensal",** identificando quais despesas (gastos e investimentos) podem ser evitadas ou reduzidas auxiliando no equilíbrio das finanças pessoais, e para tanto, elaborando uma planilha eletrônica em Excel para controle e administração diária das finanças pessoais.

Também aborda: como poupar diariamente despesas desnecessárias, maximizar o rendimento das aplicações financeiras no mercado de **renda fixa e renda variável,** além de fornecer orientações no sentido diminuir os gastos com despesas pessoais, bancárias e financeiras, tendo como meta a **independência financeira através do planejamento das finanças pessoais.**

Referido planejamento também deve ser observado na distribuição dos investimentos em renda fixa e renda variável, levando em consideração o perfil do investidor que pode ser: agressivo, moderado ou conservador, como também, levando-se em consideração a constituição de reservas a curto prazo na eventualidade de ocorrência de possíveis contingências pessoais.

Os temas aqui apresentados visam abrir o entendimento do leitor no sentido de que para atingir sua independência financeira (que é um processo de bem-estar pessoal), através da construção do colchão financeiro e não depender no futuro de uma única e exclusiva fonte de renda.

Portanto, é necessário: controle das finanças pessoais que é um processo de gestão de recursos financeiros (entradas e saídas de recursos financeiros) de um indivíduo, mudança comportamental e desenvolver o hábito de investir os recursos financeiros com sabedoria e habitualidade para poder atingir seus objetivos chegando ao topo do mundo financeiro.

Figura 1: Foto Muralha da China Beijing

Fonte: Autor (2016)

O OBJETIVO É CHEGAR AO TOPO

2
A MÉTAFÍSICA DAS FINANÇAS

Figura 2: Foto Cidade Proibida – Beijing

Fonte: Autor (2016)

Para iniciarmos o entendimento da Inteligência Financeira, devemos entender que o dinheiro é na realidade um papel que agregamos valor a ele, e este valor se transformou em uma energia de realização material e metafísica, além de ser uma moeda de troca.

Assim, os fatores comportamentais e emocionais são preponderantes para o êxito financeiro de todos nós, e nesta linha de pensamento Lourenço Prado (2013, p. 7) em sua obra Alegria & Triunfo, destaca que: "Jesus Cristo ensinou *que é um grande jogo dar e receber. Diz S. Paulo em sua Epístola aos Gálatas, cap. 6, versículo 7: "Pois aquilo que o homem semear, também ceifará" Com estas palavras, o apóstolo queria dizer que aquilo que expressardes em suas palavras e atos, retornará; que receberá o que der*".

Portanto, para atrair uma coisa é preciso que esteja em harmonia com ela. O dinheiro é uma expressão divina como meio de suprir a necessidade humana e livrar da limitação física material, porém, deve ser sempre posto em circulação e aplicado em coisas justas.

Prado (2014, p. 51) destaca ainda que:

> A avareza e a sovinice são terrivelmente vingativas. Isso não quer dizer que o indivíduo não deva possuir riquezas, depósitos e valores, porquanto diz o sábio que "os celeiros do justo estão cheios"; significa que o indivíduo não deve ter receio de despender até o ultimo real, quando isso for necessário. Gastando-o corajosa e alegremente, abre as portas para vir mais, pois Deus é o suprimento infalível e inesgotável de cada indivíduo. Essa é a atitude espiritual que devemos manter para com o dinheiro, não esquecendo que o Banco do Universo nunca falha.

Pois bem, agora que temos uma breve noção dos fatores comportamentais e espirituais, vamos iniciar nosso estudo.

3
ORÇAMENTO PESSOAL – PREVISÃO E CONTROLE DAS FINANÇAS

Figura 3 – Cataratas – Foz do Iguaçu – Paraná

Fonte: Autor (2019)

Tem como objetivo ser um instrumento de controle para identificar as entradas e saídas de recursos financeiros em nosso dia a dia, para tanto, devemos elaborar uma previsão de entradas e saídas financeiras denominada **ORÇAMENTO PREVISTO**, e posteriormente de forma diária inserir os números de nossos gastos e ingressos do dia a dia para obtermos o **ORÇAMENTO REALIZADO, tendo como meta o binômio Planejamento e Controle de resultados financeiros (orçamento previsto x orçamento realizado = comparado).**

Figura 4 – Quadro ilustrativo

Fonte: Autor (2020)

3.1 ORÇAMENTO PREVISTO

O orçamento pessoal **previsto** aqui apresentado de forma exemplificativa tem como finalidade inserir em uma única planilha eletrônica em Excel (ou até em um caderno) a previsão mensal/anual listando todas entradas e saídas financeiras com base mensal para um determinado período de tempo (geralmente 01 ano), tais como:

ENTRADAS FINANCEIRAS: Salários, Aluguéis, Juros Recebidos, Aposentadoria etc.
SAÍDAS (GASTOS): Saúde, Alimentação, Combustível, Transporte, Farmácia, Supermercado, Viagens, Escola, Lazer, Emergências, Investimento em bens, Constituição de Reservas para eventuais Emergências, Realização de Sonhos etc.

A finalidade da previsão é saber antecipadamente ao final de cada mês contrapondo receitas e despesas (entradas e saídas financeiras), se haverá falta ou excesso de recursos monetários com base mensal, cuja finalidade é analisar as possibilidades de redução, realocação destes re-

3 – Orçamento Pessoal – Previsão e Controle das Finanças

cursos ou até a realização investimentos a curto, médio ou longo prazo, dependendo de cada situação financeira encontrada.

Em síntese: a finalidade é saber para onde vai (ou foi) o meu dinheiro (receita menos despesa), ou melhor, colocar no papel tudo o que você ganha e gasta de maneira diária, mensal e anual.

Após a elaboração da previsão orçamentária financeira (mensal e anual), chegaremos a um resultado com as seguintes conclusões de perfis:

> **Orçamento zero a zero** – portanto, a receita é igual a despesa que é o ponto de equilíbrio e não sobrou nada para investir, e não temos dívidas, porém, surge a questão, e se ocorrer um imprevisto financeiro?;

> **Investidor** – a receita superou a despesa, portanto, existem recursos que devem ser investidos no mercado financeiro/acionário;

> **Endividado** – a despesa superou a receita, portanto, faltam recursos financeiros para fechar o orçamento pessoal e providências devem ser tomadas, pois haverá despesas financeiras com a obtenção de empréstimos para cobrir o excesso de gastos aumentando ainda mais o prejuízo e as dívidas, podendo inclusive ocorrer um descontrole devido as altas taxas de juros praticadas pelo mercado financeiro brasileiro.

A seguir demonstramos um exemplo de planilha eletrônica de previsão e controle financeiro em Excel que pode ser facilmente elaborada em um computador ou smartphone, onde:

COLUNA INICIAL – é o Histórico (nome da receita e despesa)
COLUNA 01-P – é a previsão para o mês de Janeiro
COLUNA 01-R – é o realizado do mês de Janeiro
COLUNA 01-C – é o comparado entre Previsto e Realizado do mês de Janeiro (Previsto menos Realizado)
COLUNA 01-AC-P – é o acumulado Previsto do ano, e
COLUNA 01AC-R – é o acumulado realizado do ano.

As contas a seguir relacionadas nesta planilha são meramente exemplificativas, devendo ser modificadas de acordo com a conveniência e necessidade de cada usuário:

Figura 5: Planilha de Orçamento Pessoal

ITEM	CONTROLE FINANCEIRO ANO 2019	2019 MÊS PREV	2019 MÊS REAL	2019 PREV X REAL	2019 ACUM ANO	2019 ACUMU ANO
+	I - RECEITAS	01-P	01-R	01-C	01-AC-P	01-AC-R
1	ALUGUEL RECEBIDO	0	0	0	0	0
2	OUTRAS ENTRADAS	0	0	0	0	0
3	RECEITA FINANCEIRA	0	0	0	0	0
4	SALARIOS	0	0	0	0	0
=	TOTAL - I	0	0	0	0	0
-	II - DESPESAS					
1	ALUGUEL	0	0	0	0	0
2	CONTA DE AGUA	0	0	0	0	0
3	CONTA DE LUZ	0	0	0	0	0
4	DESPESAS BANCÁRIAS	0	0	0	0	0
5	ESCOLA	0	0	0	0	0
6	FARMACIA	0	0	0	0	0
7	FINANCIAMENTOS	0	0	0	0	0
8	GASOLINA	0	0	0	0	0
9	IMPOSTOS	0	0	0	0	0
10	LAZER	0	0	0	0	0
11	MANUTENÇÃO CASA	0	0	0	0	0
12	MANUTENÇÃO VEICULO	0	0	0	0	0
13	PLANO DE SAÚDE	0	0	0	0	0
14	SUPERMERCADO	0	0	0	0	0
15	TELEFONIA	0	0	0	0	0
16	VESTUÁRIO	0	0	0	0	0
17	VIAGENS	0	0	0	0	0
=	TOTAL - II	0	0	0	0	0
-	III - INVESTIMENTOS					
1	COMPRA VEICULO	0	0	0	0	0
2	COMPRA COMPUTADOR	0	0	0	0	0
3	COMPRA CELULAR	0	0	0	0	0
=	TOTAL - III	0	0	0	0	0
+	TOTAL SAÍDAS - II +III	0	0	0	0	0
-	TOTAL ENTRADAS - I	0	0	0	0	0
=	LÍQUIDO DO MÊS	0	0	0	0	0

Fonte: Autor (2020)

3.2 ORÇAMENTO PESSOAL REALIZADO

Após a elaboração da previsão anual, devemos inserir diariamente nesta mesma planilha ao lado da coluna previsão na coluna realizado (01-R) – as despesas ocorridas diariamente, com a finalidade de acompanhar se estamos excedendo ou não atingindo o que foi previsto anteriormente.

A planilha deve calcular automaticamente o resultado ocorrido do mês, como também, o acumulado do ano para que se possa controlar as entradas e saídas diariamente de modo **onde você mesmo é o administrador dos seus gastos e receitas.**

Desta forma, fica simples acompanhar nossos **gastos diários ocorridos com o que foi previsto** anteriormente para que se possa atingir o resultado financeiro esperado.

Efetivamente, se não temos como medir os resultados almejados, não há como controlar.

A planilha de controle de finanças adicionalmente oferece em outros arquivos auxiliares (pastas do Excel), os seguintes controles que serão utilizados no dia a dia:

3.3 CONTROLE DE SALDOS BANCÁRIOS EM CONTA CORRENTE

Destina-se a controlar os débitos e créditos em nossa conta corrente bancária, evitando que por qualquer descuido, ela fique negativa gerando despesas com juros e IOF.

A finalidade é acompanhar o saldo bancário, assim como, identificar eventuais débitos indevidos ou equivocados realizados pelo Banco na conta corrente cliente, ou seja, fazendo uma conciliação mensal ou até diária entre os seus registros e o extrato do Banco.

Figura 6: Quadro ilustrativo

Fonte: Autor (2020)

A seguir demonstramos abaixo um exemplo simplificado de controle bancário.

Figura 7: Planilha de Controle Bancário

BANCO Y		
DATA	**HISTÓRICO**	**VALOR**
2019	**JANEIRO**	
01.01.2019	**SALDO INICIAL**	**100,00**
02.01.19	SALARIO	1.000,00
03.01.19	PAGTO ESCOLA	-500,00
		0,00
		0,00
		0,00
		0,00
		0,00
		0,00
		0,00
SALDO		**600,00**

Fonte: Autor: (2020)

3.4 CONTROLE DE APLICAÇÕES FINANCEIRAS:

A finalidade é acompanhar como nossos investimentos estão evoluindo mensalmente, medindo inclusive o volume e a rentabilidade dos nossos ativos financeiros para fins de avaliação de performance.

O objetivo de atualizar mensalmente a planilha é analisar a rentabilidade de cada investimento efetuado de forma mensal e individualizada.

3 – Orçamento Pessoal – Previsão e Controle das Finanças

Figura 8: Planilha de Controle de Investimentos Financeiros

BANCO TIPO	TOTAL TOTAL				VARIAÇÃO %	VARIAÇÃO R$
DATA	MOVIMENTAÇÃO	(-) DÉBITO	(+) CRÉDITO	(=) SALDO		
01.01.2019	SALDO INICIAL			1.000,00		0,00
31.01.2019	SALDO TOTAL	0,00	1.000,00	2.000,00	200,00000%	1.000,00
28.02.2019	SALDO TOTAL	0,00	0,00	2.000,00	100,00000%	0,00
31.03.2019	SALDO TOTAL	0,00	0,00	2.000,00	100,00000%	0,00
30.04.2019	SALDO TOTAL	0,00	0,00	2.000,00	100,00000%	0,00
31.05.2019	SALDO TOTAL	0,00	0,00	2.000,00	100,00000%	0,00
30.06.2019	SALDO TOTAL	0,00	0,00	2.000,00	100,00000%	0,00
31.07.2019	SALDO TOTAL	0,00	0,00	2.000,00	100,00000%	0,00
31.08.2019	SALDO TOTAL	0,00	0,00	2.000,00	100,00000%	0,00
30.09.2019	SALDO TOTAL	0,00	0,00	2.000,00	100,00000%	0,00
31.10.2019	SALDO TOTAL	0,00	0,00	2.000,00	100,00000%	0,00
30.11.2019	SALDO TOTAL	0,00	0,00	2.000,00	100,00000%	0,00
31.12.2019	SALDO TOTAL	0,00	0,00	2.000,00	100,00000%	0,00

Fonte: Autor (2020)

3.5 CONTROLE DE ATIVIDADES DIÁRIAS:

A finalidade é administrar e analisar o que estamos fazendo diariamente para evitar o desperdício de tempo.

A sugestão é que tenhamos 5 ou 10 minutos por dia para cuidarmos do nosso dinheiro, afinal, ele é um excelente funcionário e temos que cuidar bem dele, pois, o tempo perdido infelizmente não pode ser recuperado.

Figura 9: Planilha de Controle das Atividades Diárias

jan/19		ATIVIDADES DIÁRIAS	
DIA	MANHA	TARDE	NOITE
1	TRABALHO	TRABALHO	CINEMA
2	TRABALHO	ACADEMIA	FACULDADE
3			
4			
5			
6			
7			
8			
9			
10			

Fonte: Autor (2020)

Analisando todos os dados inseridos na planilha fica fácil observar a previsão mensal/anual de receitas e despesas e o resultado no final ocorrido de cada mês, sendo este o ponto inicial para iniciarmos o **Planejamento de como iremos administrar nossas finanças durante o ano e fixarmos nossos objetivos.**

Neste planejamento devemos elaborar qual será a tática que adotaremos para começar a investir, ou ainda, como vamos sair do endividamento.

Ainda neste planejamento podemos incluir alguns eventuais objetivos futuros, ou até realização de sonhos, que demandam certa quantidade de recursos financeiros, tais como: viagens, compra de imóvel próprio, estudos etc. Consequentemente precisamos saber quanto custa este objetivo (ou sonho) para poder atingirmos o respectivo.

Após elaborarmos a estratégia, devemos caminhar para a execução, e com os dados desta planilha podemos fazer a gestão dos nossos recursos financeiros, pois ficara claro para onde foi ou vai o nosso recurso financeiro de modo que possamos atingir nossas metas.

Figura 10: Figura Ilustrativa

Fonte: Autor (2020)

4
POUPANDO DESPESAS E INVESTIMENTOS DESNECESSÁRIOS

Figura 11: Foto Usina de Itaipu – Foz do Iguaçu

Fonte: Autor (2016)

Iniciando o tema no sentido de evitarmos o consumo desnecessário ou gastos que não geram benefícios, e tendo como meta aumentar nossa capacidade de investimento ou reduzir o endividamento pessoal, vamos primeiramente levar em consideração o aspecto comportamental, onde:

✓ **15% refere-se a conhecimento técnico**
✓ **85% a inteligência emocional e comportamental**

Neste sentido observamos que para atingirmos o objetivo da independência financeira, devemos levar em consideração os seguintes aspectos que com certeza acontecem em nosso dia a dia que são fruto do nosso comportamento individual, coletivo ou até paradigmas do passado:

AUTO SABOTAGEM – Contentar-se com pouco, preocupações desnecessárias (pensamento negativo traz energia negativa), querer agradar a todos e terceirizar decisões (excesso de consultas a terceiros);

CRENÇA LIMITANTE – Este tipo de crença adquirida no passado conduz a um mal resultado, como por exemplo: Dinheiro é sujo, é muita areia para o meu caminhão, eu mereço o que tenho, dinheiro não traz felicidade (será?), eu sou muito jovem (ou velho) para isto, eu não tenho tempo;

HÁBITOS DE CONSUMO – É famoso ter para poder ser, adquirir bens desnecessários, exemplo: o vizinho trocou de carro;

LINGUAGEM COLETIVA – Este tipo de pensamento originado no subconsciente advém do efeito manada estabelecendo padrões que necessariamente não são os nossos, exemplo: Comer manga com leite faz mal, tenho que seguir a moda atual;

ZONA DE CONFORTO – Deixa como está, está bom ou mal – não tem problema, sempre foi assim, para que mudar?

Portanto, surge a questão, como vou melhorar se estou fazendo a mesma coisa? A única certeza que temos em nossas vidas é que mudanças irão ocorrer independente de nossa vontade, assim como, a falta de recursos financeiros (dinheiro) causa muitos aborrecimentos e inconvenientes para qualquer cidadão.

Pois bem, a finalidade é que tenhamos disciplina para **evitar comprar o que não precisamos, com o dinheiro que ainda não temos, para impressionar outras pessoas.**

O importante é: não é o quanto você ganha, e sim, o que, e como você gasta e como administra suas finanças pessoais.

Nesta linha de raciocínio observamos que as pequenas despesas do dia a dia acumuladas podem ser um fator importante para evitarmos gastos desnecessários e podermos iniciar os investimentos ou reduzir o endividamento, pois, via regra **em nossa vida pessoal, constantemente tropeçamos em pequenos obstáculos.**

4 – Poupando Despesas e Investimentos Desnecessários

A seguir citamos alguns exemplos que podem ocorrer em nosso cotidiano e que certamente podemos evitar sem nenhum tipo de sacrifício ou constrangimento:

A – 1 CAFÉ EXPRESSO DIÁRIO NO SHOPPING CENTER – R$ 7,00

R$ 7,00 X 30 Dias = R$ 210,00 por mês

Se investir no mercado de renda fixa/variável este valor durante 60 meses a uma taxa de 0,4% ao mês ao final do período teremos aproximadamente R$ 14.210,00, e se optarmos exclusivamente por renda variável podemos eventualmente até duplicar este valor.

Figura 12: Quadro Ilustrativo

Fonte: Autor (2020)

B – TV POR ASSINATURA

Figura 13: Foto Shangai

Fonte: Autor (2018)

A questão é bem simples, você precisa assinar todo o conteúdo oferecido pelas operadoras? Aliás, você utiliza todo o conteúdo todos os dias? Será que acessamos todos estes canais diariamente?

Pois bem, imagine o quanto podemos deixar de gastar mensalmente com pacotes desnecessários que pagamos e não utilizamos.

C – VEÍCULO

Com referência aos veículos, quatro questões se fazem necessárias para análise:

A PRIMEIRA QUESTÃO: Precisamos realmente utilizar um modelo Top de Linha?

A explicação: quanto maior o valor do veículo, maior o valor do:

- ✓ Seguro total com franquia mínima – em média 5,0% do valor do veículo
- ✓ IPVA e licenciamento 4,0% ao ano em São Paulo

4 – Poupando Despesas e Investimentos Desnecessários

✓ Custo de manutenção (revisão, lavagem, troca de óleo, estacionamento, multas) – em média 4,0% ao ano

✓ Depreciação do ativo (preço de compra – desvalorização anual) – em média 15,00% ao ano dependo do modelo de veículo

Abaixo elaboramos um cálculo comparativo exemplificativo com valores médios que se traduz em média em um resultado positivo no valor de **R$ 14.000,00 por ano.**

Figura 14: Quadro Demonstrativo

ITEM	TOYOTA COROLA VALOR R$ 100.000,00	ONIX 1.0 AR COND. VALOR R$ 50.000,00	DIFERENÇA ANUAL R$
Seguro total – Franquia mínima	5.000,00	2.500,00	2.500,00
IPVA e Licenciamento	4.000,00	2.000,00	2.000,00
Manutenção Anual	4.000,00	2.000,00	2.000,00
Depreciação do veículo (valor compra – desvalorização anual)	15.000,00	7.500,00	7.500,00
TOTAL	**28.000,00**	**14.000,00**	**14.000,00**

Fonte: Autor (2020)

A SEGUNDA QUESTÃO: Racionalização do uso do veículo próprio – Dependendo do seu estilo de vida e localização geográfica de nossas atividades diárias e residência, procurar na medida do possível utilizar o transporte público (metrô ou ônibus) ou veículos de aplicativo (UBER, 99 etc.) que por sua vez na maioria das vezes possuem tarifas atrativas para o consumidor.

O objetivo é diminuir o gasto com combustível, estacionamento, manutenção etc.

Para comentar e tão somente para comentar, nas grandes capitais utilizando o metrô ou corredor de ônibus, geralmente chegamos primeiro em nosso destino do que se tivéssemos utilizando o veículo próprio, com um custo de locomoção sensivelmente menor, além de uma economia de tempo de percurso.

A TERCEIRA QUESTÃO:

> ➢ Antes de abastecer seu veículo realize uma pesquisa, pois existem diferenças de mais de 10% entre os postos de combustíveis, além do mais, procure encher o tanque evitando diversos abastecimentos com valores menores, pois considere que existe a evaporação cada vez que você abastece o veículo;

> ➢ Manutenção e lavagem do veículo – realize uma cotação de preços antes de efetuar qualquer serviço, pois as diferenças de preço neste setor são consideráveis;

> ➢ Manutenção preventiva – Como por exemplo calibragem dos pneus, alinhamento de direção, balanceamento de rodas, podem reduzir o consumo de combustível do veículo;

> ➢ Se optar por financiar um veículo pense muito bem antes, pois as taxas de juros são elevadas (por volta de 1,5% ao mês) e os aumentos de salário dos empregados do setor privado que são anuais não atingem este patamar, além do que estarmos fazendo mais uma dívida, e, surge a questão → porque não poupar (investir e obter receita financeira) antes para efetuar a compra do veículo a vista ao invés de financiar.

A QUARTA QUESTÃO

Analisar a possibilidade de ao invés de adquirir o veículo, alugar (base mensal ou anual).

Deve ser realizada uma análise técnica comparando as despesas de aquisição e manutenção do veículo com o custo mensal do aluguel.

A opção que deve ser analisada → se possuímos capital próprio para compra do veículo, poderíamos ao invés de adquirir um veículo alugar; e na sequência investir o valor que seria pago no veículo a vista no mercado financeiro de renda fixa e variável, e ainda ficarmos livres do custo do IPVA, manutenção e até seguro, portanto, um estudo deve ser cuidadosamente realizado caso a caso.

4 – *Poupando Despesas e Investimentos Desnecessários*

Ainda dentro da temática locação, existe uma outra possibilidade que deve ser analisada, ao invés de adquirir o automóvel evitando o custo de manutenção e a depreciação, utilizar o transporte público, e em casos necessários efetuar uma locação somente para o período, momento, ou evento necessário.

D – EXCESSO DE ROUPAS E OUTROS BENS DE PEQUENO VALOR

A questão → nós utilizamos tudo o que compramos?

Vamos verificar nosso guarda-roupa e armários para poder responder esta questão.

Além do mais, verifique o que você comprou e nunca usou (ou nem lembra que tem), ou tudo que está em desuso neste mesmo armário, e posteriormente faça as contas do que foi gasto e não está em uso, ou não foi utilizado até hoje.

E – ATIVOS ESCRAVIZADORES

Figura 15: Quadro Ilustrativo

CASA NA PRAIA   **CUSTO**

GASTOS DE MANUTENÇÃO

LAZER   DEPRECIAÇÃO

INVESTIMENTO   REAL UTILIZAÇÃO

Fonte: Autor (2020).

Para manter estes ativos que adquirimos temos que trabalhar para cobrir as despesas mensais que eles geram, ou seja, ao invés de investir gerando receitas financeiras → gastamos, são as famosas algemas de ouro, tais como:

E1 – Casa na Praia – Via de regra fica fechada na maior parte do tempo, porém, as despesas (Condomínio, IPTU, Água, Luz, Telefone, Gás, Manutenção, Seguro, eventuais furtos) não cessam e temos que arcar com todos estes custos mensalmente.

A questão que surge → efetivamente precisamos deste ativo? Não seria mais racional se quisermos ir ao litoral utilizarmos um hotel? Além de um custo menor, existem facilidades proporcionadas pela rede hoteleira.

Para comentar, e tão somente para comentar, esta casa seria um realmente um ativo ou passivo em nossas vidas?

Além do mais, devemos considerar a baixa liquidez deste ativo em caso de necessidade de venda a curto prazo.

E2 – Sítio ou casa de campo – Idem ao anterior

E3 – Imóvel Próprio 01 – Levando em conta os custos já mencionados na casa de praia, surge a questão → precisamos para residirmos de uma casa deste tamanho com piscina?

Lembrando, que o valor do IPTU (imposto sobre a propriedade territorial urbana) é calculado com base na área do terreno e metros quadrados construídos no respectivo terreno.

> ➤ Portanto, analisar a possibilidade do valor do imóvel próprio ser investido corretamente no mercado financeiro, e analisar qual seria sua rentabilidade mensal;
> ➤ Se o resultado financeiro for maior que o aluguel que o investidor pagaria para residir por este mesmo imóvel – É uma questão a ser analisada profundamente de forma técnica assistida por profissionais de mercado.

A seguir demonstramos de forma matemática, **dois cenários** com taxas de juros diferentes considerando a recente baixa da Selic (2,25% ao ano em Julho/2020), com um exemplo simples de cálculo, onde o cliente possui R$ 1.000.000,00 para adquirir um imóvel na Vila Mariana na cidade de São Paulo, porém, decidiu fazer uma breve análise para ver se existe vantagem atualmente em investir o dinheiro no mercado de renda fixa e variável ou pagar aluguel, ao invés de comprar o respectivo imóvel.

4 – Poupando Despesas e Investimentos Desnecessários

Evidente que outros fatores devem ser levados em consideração antes de tomar a decisão, tais como: eventual valorização ou desvalorização do imóvel, variações das taxas de juros do mercado financeiro, desempenho da economia brasileira, bem como, mudanças na política governamental que possam exercer influência no mercado imobiliário e financeiro.

Portanto, a decisão para ser tomada deve ser muito bem avaliada e discutida e fundamentada com profissionais de mercado e assessores técnicos, levando em consideração todos os riscos e oportunidades envolvidos no negócio.

Figura 16: Quadro Comparativo
– dois cenários com taxas de juros diferenciadas

VALOR BASE DO IMÓVEL R$ 1.000.000,00 PRIMEIRA HIPÓTESE	INVESTIMENTO NO MERCADO FINANCEIRO RENDA FIXA E VARIÁVEL R$	ALUGUEL MENSAL PAGO R$
Rendimento Mensal Financeiro 0,25% (estimado) mês Liquido de Imposto de Renda	2.500,00	3.500,00
Rendimento Anual Financeiro Capitalização Composta Mensal Somente no Investimento 3,4% aa	34.400,00	42.000,00
DIFERENÇA EM UM ANO		7.600,00

VALOR BASE DO IMÓVEL R$ 1.000.000,00 SEGUNDA HIPÓTESE	INVESTIMENTO NO MERCADO FINANCEIRO RENDA FIXA E VARIÁVEL R$	ALUGUEL MENSAL PAGO R$
Rendimento Mensal Financeiro 0,4% (estimado) mês Liquido de Imposto de Renda	4.000,00	3.500,00
Rendimento Anual Financeiro Capitalização Composta Mensal Somente no Investimento 4,907% a.a.	49.070,21	42.000,00
DIFERENÇA EM UM ANO	7.070,21	

Fonte: Autor (2020)

Apresentadas as duas hipóteses, conclui-se que a decisão a ser tomada depende do rendimento financeiro que o investidor conseguirá obter no mercado financeiro, portanto, não é uma decisão fácil de ser tomada, portanto, deve ser analisada e fundamentada por diversos fatores técnicos.

E4 – Imóvel Próprio 02 – Na possibilidade de você ter um segundo (ou terceiro) imóvel para locação pessoa física, devemos levar em consideração que os alugueis recebidos sujeitam-se a incidência do Imposto de Renda pessoa física anual que pode chegar até 27,5% ao ano dependendo dos valores envolvidos[1] conforme a tabela progressiva, como também, na eventual saída do inquilino possíveis reformas serão certamente necessárias por conta do proprietário do imóvel.

Portanto, esta rentabilidade deverá ser analisada em comparação com as possibilidades de investimento disponibilizadas pelo mercado financeiro de renda fixa e renda variável.

O investidor também deve levar em consideração os seguintes riscos da locação: Inadimplência do inquilino, tempo de vacância do imóvel e eventual desvalorização ou valorização do imóvel.

No caso de um eventual estudo para compra de imóvel para locação ou revenda, deve-se ainda levar em conta três fatores:

a) Para adquirir um imóvel o proprietário tem que pagar o ITBI[2] – Imposto de Transmissão de bens Inter vivos que pode chegar a 3% ou mais (dependendo da região e município) do valor do imóvel, além do custo da escritura e registro de imóveis no cartório;

b) Caso o proprietário decida vender este imóvel com lucro, deverá ainda recolher o Imposto de Renda sobre o ganho de

---

1 Artigo 41 do Regulamento do imposto de Renda Decreto 9.580/2018

2 Conforme o artigo Art. 156 da Constituição Federal: Compete aos Municípios instituir impostos sobre:

I – propriedade predial e territorial urbana;

II – transmissão "inter vivos", a qualquer título, por ato oneroso, de bens imóveis, por natureza ou acessão física, e de direitos reais sobre imóveis, exceto os de garantia, bem como cessão de direitos a sua aquisição;

http://www.planalto.gov.br/ccivil_03/constituicao/constituicao.htm – acesso em 17.12.2019.

4 – Poupando Despesas e Investimentos Desnecessários

capital imobiliário[3] a razão de 15% sobre o lucro obtido na venda;

c) O Regulamento do Imposto de Renda Decreto 9.580/18 em seu artigo 35, Inciso VI, letras b, c – destaca que são isentos:

O ganho de capital auferido na alienação do único imóvel que o titular possua, cujo valor de alienação seja de até R$ 440.000,00 (quatrocentos e quarenta mil reais), desde que não tenha sido realizada qualquer outra alienação nos últimos cinco anos, nos termos e nas condições estabelecidos no § 4º do art. 13 3 (Lei nº 9.250, de 1995, art. 23);

O ganho auferido por pessoa física residente no País na venda de imóveis residenciais, desde que o alienante, no prazo de cento e oitenta dias, contado da data de celebração do contrato, aplique o produto da venda na aquisição de imóveis residenciais localizados no País, nos termos e nas condições estabelecidos no § 4º do art. 133 (Lei nº 11.196, de 21 de novembro de 2005, art. 39);

A seguir demonstramos de forma matemática dois cenários com taxas de juros diferentes considerando a recente baixa da Selic (2,25% ao ano em Julho/2020), um exemplo simples de cálculo, onde o cliente possui R$ 1.000.000,00 para adquirir um imóvel na Vila Mariana na cidade de São Paulo para obter renda de aluguel, porém, decidiu fazer uma breve análise comparativa para ver se existe vantagem atualmente em investir o dinheiro no mercado financeiro de renda fixa e variável ao invés de comprar para alugar.

Evidente que outros fatores devem ser levados em consideração antes de tomar a decisão, tais como: valorização ou desvalorização do imóvel, variações das taxas de juros do mercado financeiro, desempenho da economia brasileira, bem como, mudanças na política governamental que possam exercer influência no mercado imobiliário e financeiro.

Portanto, a decisão para ser tomada deve ser muito bem avaliada e fundamentada, e ainda discutida com profissionais de mercado e assessores técnicos, levando em consideração todos os riscos e oportunidades envolvidos no negócio.

---

3 Artigos 128 a 134 do Regulamento do Imposto de Renda Decreto 9.580/2018

Figura 17: Quadro Comparativo
– dois cenários com taxas de juros diferenciadas

VALOR BASE DO IMOVEL R$ 1.000.000,00 PRIMEIRA HIPÓTESE	INVESTIMENTO NO MERCADO FINANCEIRO RENDA FIXA E VARIÁVEL R$	ALUGUEL MENSAL RECEBIDO R$
Rendimento Mensal Renda Fixa 0,25% (estimado) ao mês liquido de Imposto de Renda R$ 1.000.000,00 x 0,4%	2.500,00	4.000,00
Rendimento Anual Financeiro Capitalização Composta Mensal Somente no Investimento 3,4% a.a.	34.400,00	48.000,00
IRPF a ser pago na declaração de do ano seguinte – alíquota 27,5%	Aplicação tributada exclusivamente na fonte – consultar legislação IRPF com referência ao tipo de aplicação	13.200,00 Aproximadamente Dependendo da situação individual do contribuinte
RENDIMENTO LIQUIDO TOTAL EM UM ANO	34.400,00	34.800,00
DIFERENÇA ANUAL		400,00

VALOR BASE DO IMOVEL R$ 1.000.000,00 SEGUNDA HIPÓTESE	INVESTIMENTO NO MERCADO FINANCEIRO RENDA FIXA E VARIÁVEL R$	ALUGUEL MENSAL RECEBIDO R$
Rendimento Mensal Renda Fixa 0,4% (estimado) ao mês liquido de Imposto de Renda R$ 1.000.000,00 x 0,40%	4.000,00	4.000,00
Rendimento Anual Financeiro Capitalização Composta Mensal Somente no Investimento 4,907% a.a.	49.070,21	48.000,00
IRPF a ser pago na declaração de do ano seguinte – alíquota 27,5%	Aplicação tributada exclusivamente na fonte – consultar legislação IRPF com referência ao tipo de aplicação	13.200,00 Aproximadamente Dependendo da situação individual do contribuinte
RENDIMENTO LIQUIDO TOTAL EM UM ANO	49.070,21	34.800,00
DIFERENÇA ANUAL	14.270,21	

Fonte: Autor (2020)

4 – *Poupando Despesas e Investimentos Desnecessários*

Apresentadas as duas hipóteses, conclui-se que a decisão a ser tomada depende do rendimento financeiro que o investidor conseguirá obter no mercado financeiro, portanto, não é uma decisão fácil de ser tomada, portanto, deve ser analisada e fundamentada por diversos fatores técnicos.

E5- Imóvel Próprio 03 – Algumas despesas mensais podem ser racionalizadas diariamente que se somadas e anualizadas resultam em um valor considerável, para o proprietário do imóvel, portanto, segue adiante um lembrete de algumas delas que certamente todos nós já conhecemos:

> ➢ Substituição das lâmpadas incandescente e fluorescentes por lâmpadas de LED, que tem um menor consumo e uma duração maior, portanto, substitua as antigas a medida que forem queimando;
> ➢ Agua – Verificar eventuais vazamentos (feche todas as torneiras e verifique se o relógio está parado), como também, evitar torneiras abertas desnecessárias na lavagem e a possibilidade de adotar agua de reuso;
> ➢ Energia Elétrica – evite desperdícios com excesso de equipamentos ligados ou conectados, luzes acesas desnecessariamente, procurando na medida do possível utilizar a iluminação natural;
> ➢ Manutenção do Imóvel – Procure na pintura utilizar cores claras que favoreçem a iluminação, assim como, utilizar tintas de qualidade que permitem que a parede seja lavada sem deixar manchas, evitando pintar as mesmas várias vezes.

E6-Imóvel Próprio 04 – Antes de investir no mercado imobiliário, considere as reflexões a seguir:

> ➢ A liquidez de um imóvel não é imediata;
> ➢ Antes de efetuar a compra analise a localização e vizinhança do imóvel;
> ➢ Verifique o estado de conservação do imóvel;
> ➢ Verificar o custo do IPTU e seus aumentos anuais;

- Analisar a metragem do terreno e da área construída;
- Analisar se a documentação do imóvel está em ordem;
- Considere o fato se o imóvel é residencial ou comercial;
- Calculo dos custos da transação imobiliária;
- Calcule os riscos e oportunidades da transação imobiliária;
- Considere a possibilidade de investimentos em Fundo Imobiliário.

Figura 18: Foto Cidade Proibida – China

Fonte: Autor (2016)

F – SMARTPHONE, NOTEBOOK E APARELHO DE TV TOP DE LINHA

A questão → nós sinceramente utilizamos todos os recursos disponibilizados do equipamento que adquirimos?

Efetuar a compra de um equipamento que iremos efetivamente vai utilizar, se traduz em evitar gastar no que você não vai usar.

Normalmente não utilizamos todos os recursos disponibilizados por estes equipamentos eletrônicos, portanto, gastamos e não utilizamos.

4 – Poupando Despesas e Investimentos Desnecessários

G – FINANCIAMENTOS DE CUSTO ELEVADO

Cartão de Crédito – Cheque Especial – Empréstimo Pessoal – Financiamento de Veículos – Carnês de lojas

Como todos nós sabemos, estas modalidades de empréstimos são as mais caras oferecidas pelo mercado, pois quanto mais fácil for a sistemática para o cliente obter o crédito, mais caro ele é, portanto, estas modalidades devem ser substituídas por outros tipos de financiamentos de custo menor, levando ainda em consideração a **possibilidade de portabilidade da dívida**, e a adoção de outras modalidades de custo reduzido, exemplo: crédito consignado, hipoteca etc.

Em média o cheque especial cobra uma taxa de 8% ao mês e o cartão de crédito pode chegar a 12% ao mês em caso de atraso no pagamento das faturas e o financiamento de veículos pode chegar a 1,5% ao mês.

No caso dos famosos Carnês de loja (Crediário), é evidente que existe uma taxa de juros que foi embutida no valor da prestação e você poderá estar pagando um preço elevado pelo produto adquirido, portanto, não analise somente o valor da prestação, certamente uma taxa de juros foi embutida no valor da prestação do bem que foi adquirido.

Além do mais existe a **taxa nominal** que é a que consta no contrato, porém, pode existir a **taxa efetiva** que abrange outras taxas cobradas pela instituição financeira que eventualmente podem ser agregadas no financiamento, exemplo: taxa de cadastro, taxa de abertura de crédito, taxa de vistoria etc.

Destacamos também, que a maioria dos financiamentos e empréstimos concedidos para a pessoa física e jurídica pelas instituições financeiras, os juros cobrados são calculados de forma composta (capitalizado), ou seja, a cada mês que passa são calculados juros sobre juros, portanto, no final os juros cobrados são bem maiores, a seguir demonstramos um cálculo simplificado de juros simples e juros compostos para uma pessoa que precisa obter um empréstimo no valor de R$ 100.000,00 para pagar ao final de 12 meses com uma taxa de juros de 4% ao mês:

Figura 19: Planilha Quadro Comparativo

ITEM	HISTÓRICO		VALORES - R$
1	VALOR DO EMPRÉSTIMO		100.000,00
2	PRAZO	12 MESES	
3	TAXA DE JUROS AO MÊS	4,00%	
4	JUROS SIMPLES = 4,0% X 12 MESES	48,00%	48.000,00
5	JUROS COMPOSTOS - CAPITALIZADO		60.102,33
	MÊS A MÊS = 4^{12}		
6	PAGTO NO FINAL DO PERIODO - SIMPLES		148.000,00
	PAGTO NO FINAL DO PERIODO - COMPOSTO		160.102,33
7	**DIFERENÇA**		**12.102,33**

Fonte: Autor (2020)

Figura 20: Quadro Comparativo

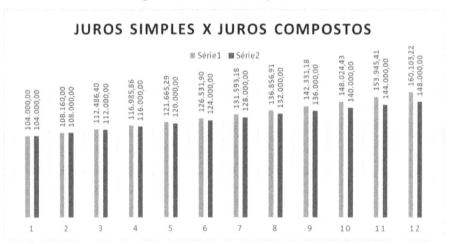

Fonte: Autor (2020)

É fácil observar que a diferença é considerável, portanto, devemos ter muita cautela quando negociamos as condições e custo do financiamento, pois se estamos falando de uma pessoa assalariada, ela dificilmente terá aumentos de salário anual nesta mesma proporção.

Devemos lembrar que quando tomamos um empréstimo, na realidade estamos antecipando nosso salário ou renda futura.

Além do mais, antes de contratar um financiamento faça uma cotação de preços entre as instituições financeiras e analise a possibilidade

4 – Poupando Despesas e Investimentos Desnecessários

de adiar a compra. O objetivo é poupar os recursos financeiros mensalmente para efetuar o pagamento do bem a vista e com desconto, evitando assim o pagamento de juros.

H – TARIFAS BANCÁRIAS

Devemos lembrar que o Banco capta recursos no mercado financeiro dos investidores e empresta estes mesmos recursos para terceiros tomadores de recursos auferindo lucro, ou seja, ele trabalha com o dinheiro dos investidores que devem ser remunerados.

Portanto, tarifas são cobradas do investidor e do tomador de recursos de forma que a instituição bancária possa auferir lucro.

Suponha que determinado cliente pague uma tarifa mensal de R$ 60,00 por um pacote de serviços de manutenção de conta corrente, e ao final de 5 anos terá pago para o Banco R$ 3.000,00. Se considerarmos que se aplicássemos no mercado de renda fixa/variável este valor mensal a uma taxa de 0,4 ao mês teríamos no final do período R$ 4.060,00 aproximadamente, e se aplicássemos em renda exclusivamente variável provavelmente teríamos um valor ainda maior.

Neste sentido podemos mencionar como exemplo de solução, os Bancos virtuais que costumeiramente não cobram tarifas dos seus clientes, tais como:

www.nubank.com.br
www.bancointer.com.br
www.original.com.br

Vale lembrar que a Resolução 3.919/2010 do Banco Central do Brasil em seu artigo 2º regulamenta os **Serviços essenciais para a pessoa física**, que é um pacote que todos os Bancos devem oferecer sem cobrança de mensalidades. Evidente que é um pacote limitado que oferece somente: realização de 4 saques por mês, 2 transferências entre contas da mesma instituição por mês, 2 extratos no caixa eletrônico e fornecimento de cartão com a função débito.

Ainda nesta mesma linha de raciocínio, existe a **Conta Salário** (Resolução 3.402 e 3.424/06), onde a conta é aberta pela empresa para o funcionário sendo destinada exclusivamente ao recebimento de salários do empregado, aposentadorias, pensões e similares não admite outro tipo de depósito além dos créditos feitos pela entidade pagadora e não é movimentável por cheques. É vedada a cobrança de tarifas sobre: Transferência dos créditos pelo seu valor total (portabilidade); Fornecimento de cartão magnético etc. É também um pacote limitado, porém é uma opção.

Portanto, avalie e racionalize o uso dos serviços bancários para evitar o gasto com tarifas desnecessárias e ter um melhor controle da movimentação bancária, evitando também, as ofertas de crédito fácil e adquirir produtos bancários desnecessários, tais como: títulos de capitalização, seguros, previdência privada, consórcios etc.

I – TARIFAS DE CARTÃO DE CRÉDITO

Normalmente as instituições financeiras cobram uma tarifa anual para os usuários de cartão de crédito, assim como, outros tipos de estabelecimento que oferecem seu cartão de crédito, tais como: lojas, supermercados, grandes redes etc.

As tarifas (anuidade) cobradas dos clientes são bastantes variadas dependendo da modalidade de cartão, tipo: nacional, internacional, VIP, *black* etc. e em contrapartida oferecem pontuação nos programas de milhagem das empresas aéreas, salas VIP em aeroportos, e outras facilidades, porém, tudo isto tem um custo que as vezes é elevado dependendo da administradora de cartões e do perfil do cliente.

Nesta mesma linha de raciocínio→ Por que preciso de mais de um cartão de crédito? Por que preciso pagar anuidade no meu cartão (ou cartões) de crédito?

Para evitar este tipo de gastos, lembramos que normalmente os Bancos Virtuais oferecem cartão de crédito sem custo para os seus clientes, além de outras vantagens.

Vale lembrar que os juros cobrados pelo cartão de crédito em caso de inadimplemento do cliente, são muito elevados (podendo chegar até 12% ao mês), portanto, programe-se para pagar a fatura no valor integral no vencimento, desse modo, utilize seu cartão de forma racional com inteligência e sabedoria, evitando cometer um suicídio financeiro.

Uma outra possibilidade para obtermos uma racionalização de gastos e salvarmos um recurso financeiro em nosso dia a dia, é no momento de efetuar a compra utilizando o cartão de crédito→ pergunte para o comerciante se existe um desconto para pagamento a vista ou com cartão de débito, pois, o comerciante além de receber o dinheiro da administradora de cartão de crédito somente após 30 dias aproximadamente, ele também paga uma taxa de serviço de 2% a 5% para a administradora de cartões, assim como, na modalidade débito ele recebe no dia seguinte, porém, existe uma tarifa que o Banco cobra do estabelecimento comercial que efetuou o venda.

Vale destacar que algumas empresas de cartão de crédito, além de não cobrarem anuidade dos seus clientes, devolvem uma pequena porcentagem das suas compras mensais para o cliente na forma de crédito ou investimento.

Portanto, temos uma oportunidade de reduzir sensivelmente o valor dos nossos gastos utilizando esta técnica de negociação que deve ser aplicada diariamente para reduzirmos nossos gastos e gerarmos receitas.

J – TARIFAS PÚBLICAS

Geralmente as tarifas públicas e outros serviços públicos tem reajuste anual, porém, estes reajustes são superiores aos índices oficiais de inflação, tais como: tarifa de agua, energia elétrica, pedágio, transporte coletivo, telefonia, IPTU, IPVA etc.

Ocorre que normalmente um assalariado também tem reajustes anuais, porém, estes reajustes em virtude dos problemas econômicos que o país atravessa são muito inferiores aos índices de inflação.

A conclusão é bem simples, nossos custos com os serviços públicos serão sempre maiores que nossos reajustes salariais (principalmente dos aposentados), portanto, uma racionalização destes gastos deve ser considerada a fim de evitar uma descapitalização dos nossos recursos financeiros, podendo em certos casos chegar a inadimplência.

Destacamos ainda que este é um tipo de gasto que teremos dificuldade em racionalizar, pois não temos como controlar os reajustes aplicados pelos órgãos governamentais.

K – GASTOS COM SAÚDE

Os planos de saúde, os quais são essenciais para qualquer cidadão, têm reajuste anual, porém, a maioria deles está integrado (associado) a uma categoria profissional (coletivo) e o reajuste é calculado com base no uso do plano de todos os associados daquela categoria profissional, portanto, se todos utilizarem muito o plano de saúde, o reajuste anual será maior para todos os participantes do plano de saúde.

Em 2019 muitos planos reajustaram os valores em 19% baseado nos médias de utilização dos usuários do ano 2018, mas devemos lembrar que o IPCA do ano 2019 foi de apenas 4,19%.

Consequentemente, é fácil verificar que os gastos com saúde superam os reajustes de salário do trabalhador ou aposentado.

Destacamos que ainda existem planos de saúde que aceitam clientes que não pertençam a nenhuma categoria profissional (individual), sendo este reajuste anual definido pela Agência Nacional de Saúde – ANS – que é muito menor que o reajuste das categorias profissionais.

Neste sentido, destacamos ainda que o consumidor tem a possibilidade de exercer a portabilidade de plano de saúde, trocando de operadora de plano de saúde, porém, deverá analisar previamente antes de efetuar a troca, se existe: **CARÊNCIAS PARA ATENDIMENTO E ANALISAR A REDE DE ATENDIMENTO (REGIÃO E QUANTIDADE), E QUALIDADE DO SERVIÇO PRESTADO, ALÉM DA SAÚDE FINANCEIRA DA OPERADORA.**

Vale lembrar que os gastos com plano de saúde e despesas médicas/odontológicas comprovadas são dedutíveis da base de cálculo do Imposto de Renda Pessoa Física.

L – ENDIVIDAMENTO

Figura 21: Quadro Ilustrativo

Fonte: Autor (2020)

4 – Poupando Despesas e Investimentos Desnecessários

Evidente que existem consumidores que se encontram com muitas dívidas e financiamentos, portanto, descrevemos a seguir algumas sugestões para reduzir ou até se livrar deste endividamento:

1 – Calcule o valor da sua dívida total – Solicite ao credor um demonstrativo com todos os valores que estão sendo cobrados, tais como: valor principal, despesas, taxa de juros, sistemática de cálculo e eventual multa;

2 – Com os dados do item 01 – analise se a cobrança está correta, ou seja, se tudo está conforme o contrato e verifique as taxas de juros que estão sendo cobradas e eventuais despesas indevidas que foram inseridas na conta.

Se tiver dificuldade para efetuar o cálculo procure um órgão de defesa do consumidor ou um Contador;

3 – Renegocie sua dívida com o credor – Solicite descontos, redução na taxa de juros (afinal a taxa de juros abaixou) e prazos maiores para liquidação do débito, se necessário, mude o perfil de curto para longo prazo, ou ainda, considere a possibilidade de portabilidade da dívida, lembrando que o maior interessado em receber é o credor;

4 – Procure outras opções de crédito mais baratas para quitar o seu débito, como por exemplo o crédito consignado onde as taxas são reduzidas, portanto, quite a sua dívida antiga com custo elevado e pague a nova dívida com juros reduzidos.

Analise também a possibilidade de portabilidade da dívida para conseguir uma redução na taxa de juros junto a outras instituições financeiras.

5 – Feirões de negociação de dívidas – para comentar, existem várias empresas que promovem feirões de negociação de dívidas, tais como: www.serasa.consumidor/limpa-nome-online

É uma oportunidade onde são colocados frente a frente, devedor e credor com a finalidade de fecharem um acordo com vantagens para quitação da dívida ou parcelamento da dívida;

6 – Corte de gastos – Estude como reduzir os gastos pessoais para poder gerar receitas para efetuar o pagamento das dívidas, em síntese, corte os gastos desnecessários;

7 – Alternativas para gerar renda e quitar dívidas – busque alternativas profissionais para gerar uma renda, como também, avaliar a possibilidade de vender bens para quitação da dívida, tais como: veículos, terrenos etc.

8 – Eduque-se financeiramente – a finalidade é não retornar ao endividamento e tornar-se um investidor, portanto, pagar em dia os acordos negociados, não fazer novas dívidas e trabalhar de acordo com o orçamento pessoal e possibilidades evitando gastos desnecessários.

M – DATAS COMEMORATIVAS QUE INFLUENCIAM O CONSUMO

Figura 22: Quadro Ilustrativo

Fonte: Autor (2020)

4 – Poupando Despesas e Investimentos Desnecessários

Neste item vamos abordar os vários fatores que por diversos motivos citados na obra de Carota (2019) exercem **influência emocional**, e que podem induzir o consumidor (efeito manada) a aumentar o seu consumo de forma consciente ou inconsciente podendo trazer sérias consequências financeiras para o adquirente destes bens: [4]

1 – AS DATAS COMEMORATIVAS DO CALENDÁRIO

Analisando o calendário gregoriano[5], observamos que existe no Brasil uma sucessão de eventos comemorativos inseridos de forma cronológica e sincronizada, as quais são amplamente divulgadas pelo comércio, exercendo uma pressão de consumo no cidadão no sentido de se traduzirem em atos de compra e troca de presentes ou gasto em festividades, ora senão vejamos estas principais datas de destaque:

- Janeiro – comemoração do ano novo – festividades
- Fevereiro – carnaval – festividades
- Maio – dia das mães
- Junho – dia dos namorados
- Agosto – dia dos pais
- Outubro – dia das crianças
- Dezembro – natal
- Aniversários de parentes e amigos no decorrer do ano

---

4 Carota, José Carlos. *Inteligência empresarial*. Rio de Janeiro; Freitas Bastos, 2018, p. 112.

5 Os dois calendários mais vulgares são: Juliano e Gregoriano. O calendário Juliano foi introduzido por Júlio César em todo o Império Romano. Os cristãos, adotaram-no, mas, no lugar das letras mundiais, para mostrar as feiras ou jogos dos romanos, puseram outras, para indicar os domingos e festas do ano. O calendário Gregoriano é o que foi estabelecido por Gregório XIII, que reformou o existente cortando dez dias que se haviam introduzido a maior no computo ordinário. SILVA, De Placído E. *Vocabulário jurídico*. Rio de Janeiro: Forense, 1984.

2 – FÉRIAS ESCOLARES

Não podemos deixar de destacar os meses de férias escolares: Janeiro, Julho e Dezembro, que também incentivam o consumo de viagens, hospedagem, passagens aéreas, compras, recordações etc., onde os respectivos preços de transporte e hospedagem são elevados no período de alta rotação são mais elevados.

3 – FERIADOS

Além das datas comemorativas descritas no item 1, possuímos no calendário diversos feriados que muitas vezes coincidem com a emenda do fim de semana, e se traduzem em gastos com viagens e outros eventos para aproveitar o período de descanso, por exemplo:

- ✓ 25 de Janeiro – aniversário da cidade de São Paulo
- ✓ Abril – sexta feira santa
- ✓ 21 de Abril – Tiradentes
- ✓ 01 de Maio – dia do trabalho
- ✓ Junho – *Corpus Christi*
- ✓ 09 de Julho – revolução constitucionalista São Paulo
- ✓ 07 de Setembro – independência do Brasil
- ✓ 12 de Outubro – dia da padroeira do Brasil
- ✓ 15 de Novembro – proclamação da república
- ✓ 20 de Novembro – dia da consciência negra São Paulo

N – GASTOS COM VIAGENS

Os gastos com viagens podem ser sensivelmente reduzidos se adotarmos os seguintes procedimentos:

- **Passagens Aéreas** – A compra antecipada certamente pode reduzir o custo do transporte aéreo em mais de 50%;
- **Passagens de Ônibus** – Se compradas diretamente na empresa (ou diretamente no site da empresa de ônibus), evitaremos o gasto com taxas de conveniência de alguns sites de compra;
- **Viagens com Veículo Próprio** – Além do custo com combustível, devemos levar em conta o gasto com pedágios e o desgaste do veículo, que somados chega-se a um custo alto se compararmos com o ônibus ou até avião (em casos específicos). Outro fator importante, que deve ser considerado é a possibilidade de ocorrência de multas de transito durante o trajeto, pois atualmente as estradas encontram-se monitoradas;
- **Hotéis** – A reserva antecipada deverá ser negociada com o próprio hotel de modo a obter um desconto com o pagamento antecipado, ou reserva feita sem intermediários evitando o pagamento da taxa de conveniência de muitos sites;
- **Lanches em Aeroporto, Rodoviária e Estradas**– Nestes locais, via de regra o preço dos produtos é elevado, podendo chegar até 5 vezes mais se comparado com um supermercado convencional, portanto, é altamente recomendável (se possível) levar seu próprio lanche; como exemplo podemos citar uma garrafa de agua mineral de 500 ml, que podemos adquirir em um supermercado por R$ 0,80 e que eventualmente pode ser vendida nestes locais por até R$ 5,00;
- **Transporte Terrestre para Aeroportos e Rodoviárias** – Para chegar até um aeroporto ou rodoviária podemos utilizar os serviços de táxi ou aplicativos, mas o custo não é pequeno, porém considere que normalmente todo aeroporto tem uma opção de transporte coletivo (ônibus) com preços reduzidos que devem ser levados em consideração;

> **Possibilidade de substituir a viagem de Avião (ou veículo próprio) por Ônibus** – Atualmente os ônibus de viagem são muito confortáveis e seguros, além de diversas vezes ter um preço muito atrativo, evidente que tudo depende da disponibilidade de tempo ou eventualmente outros fatores de caráter pessoal do viajante que devem ser levados em consideração.

O – INVEJA

O que é a inveja? Analisando o termo inveja, o qual possui vários adjetivos podemos tecer algumas reflexões citadas na obra de Carota (2018, p. 117, 118), tais como:

a) É um sentimento ambíguo, pois o outro incomoda o invejoso, sem o outro não faz sentido, e o invejoso tem pena de si próprio, compaixão;

b) É um pecado social que tem a ver com a vida social, e é, um sentimento que ninguém gosta de pôr para fora e nem de falar;

c) Na inveja posso encontrar explicação para o outro, a desigualdade;

d) Faz com que você olhe o outro e não quer o que o outro tem – não importa -. Faz com que você despreze o que o outro tem. Aparece no modo como você deprecia o outro, acha que você não é digno do que tem, o problema é se o outro merece o que tem;

e) É um sentimento social por excelência;

f) Sentimento que tem como subproduto a igualdade exigindo que todos sejam do mesmo modo.

Muitas são as definições para o termo subjetivo inveja, mas o que efetivamente ela pode causar é uma emoção em que **o invejoso, na maioria das vezes, para se tornar igual ao invejado gasta o que não tem para manter um status que muitas vezes não representa a sua real condição.**

4 – Poupando Despesas e Investimentos Desnecessários

P – PROPAGANDA & MARKETING

Observa-se que constantemente as empresas estudam o comportamento e hábitos do consumidor tendo como objetivo entender e atender a demanda de mercado e encontrar e incentivar o desejo de consumo da população.

Naturalmente, promovem campanhas publicitárias despertando as emoções, fazendo com que, ele o consumidor passe a sentir a necessidade de determinado produto para poder ser uma pessoa de sucesso inserido no contexto da sociedade moderna.

Podemos observar tal fato em propagandas de: bebidas, cigarros, veículos, confecções, perfumarias etc.

Lembre-se: **Pensamento gera sentimento que gera comportamento**.

Em síntese, há um incentivo ou apelo para que quando o consumidor tenha um determinado status "X" "X", ele tem que ter o produto "Y" (Carota (2018, p.113)

Nessa ambiência, o marketing tem seu papel fundamental, pois envolve a identificação e a satisfação das necessidades humanas e sociais.

Em resumo, existem muitas ferramentas de propaganda e marketing destinadas a incentivar o consumo de produtos e serviços, e é, evidente que muitas delas têm como finalidade **despertar o desejo de consumo independente da necessidade, portanto, cabe ao consumidor à árdua tarefa de não se deixar influenciar pela mídia, e enfim, analisar racionalmente a necessidade de aquisição de qualquer bem.**

Q – FACILIDADES NA CONCESSÃO DE CRÉDITO AO CONSUMIDOR

Neste contexto podemos destacar as facilidades de pagamentos promovidas pelo comércio em geral que facilitam as compras para incentivar as vendas. As formas mais tradicionais encontradas no mercado são: através dos cartões de crédito, cartões preferenciais e de vantagens, cheques pré-datados, boletos bancários, carnê de pagamentos, e também, financiamentos promovidos pelas instituições financeiras através do crediário.[6]

---

6 Carota, José Carlos. *Inteligência empresarial.* Rio de Janeiro; Freitas Bastos, 2018, p. 116.

Temos a convicção que a concessão de crédito deve levar em conta a análise[7] da capacidade de pagamento do consumidor, portanto, um excesso de crédito sem critérios técnicos pode levar o consumidor à inadimplência, e ainda prejudicar o fluxo de caixa da instituição que concedeu o crédito.

Não poderíamos deixar de comentar as facilidades de crédito concedidas pelos Bancos, que via de regra quanto mais fácil à concessão do crédito, maior a taxa de juros cobrada do cliente, como por exemplo: o cheque especial, cartão de crédito e crédito direto ao consumidor – CDC, que possuem as taxas de juros mais elevadas praticadas pelo mercado financeiro nacional.

Para comentar, e tão somente para comentar, se uma pessoa física efetua uma aplicação financeira em um fundo de renda fixa bancário, em média ela terá um rendimento mensal bruto aproximado de 0,2% ao mês, porém, se ficar devedor no cheque especial terá que pagar em média 8% ao mês.

Não é difícil imaginar como um consumidor consegue ficar inadimplente rapidamente.

R – ESTATUTO DO IDOSO

Para os que atingiram a denominada melhor idade, o Estatuto do Idoso – a Lei 10.741/2003 (artigos 3º, 39º, 41º), assegura os seguintes direitos no âmbito financeiro que certamente irão contribuir no sentido de redução de despesas do orçamento do idoso:

> ➢ Atendimento preferencial imediato e individualizado junto a órgãos públicos e privados prestadores de serviço a população;
>
> ➢ Prioridade no recebimento da restituição do Imposto de Renda;

---

7 Análise de Crédito – Ao conceder crédito, uma empresa procura distinguir entre clientes que pagarão suas contas e clientes que não o farão. As empresas usam vários mecanismos e procedimentos para determinar a probabilidade de que os clientes paguem. ROSS, Stephen A., WESTERFIELD, Randolph W., JAFFE, Jeffrey F. *Administração financeira – corporate finance.* São Paulo: Atlas, 2007, p. 638.

4 – Poupando Despesas e Investimentos Desnecessários

- ➤ Dentre os idosos, é assegurada prioridade especial aos maiores de 80 anos, atendendo-se suas necessidades sempre preferencialmente em relação aos demais idosos;

- ➤ A participação dos idosos em atividades culturais e de lazer será proporcionada mediante descontos de pelo menos 50% nos ingressos para eventos artísticos, culturais, esportivos e de lazer, bem como o acesso preferencial aos respectivos locais;

- ➤ Aos maiores de 65 anos fica assegurada a gratuidade dos transportes coletivos públicos urbanos e semiurbanos, exceto nos serviços seletivos e especiais, quando prestados paralelamente aos serviços regulares e para ter acesso à gratuidade, basta que o idoso apresente qualquer documento pessoal que faça prova de sua idade – no caso e pessoas compreendidas na faixa etária entre 60 e 65 anos, ficará a critério da legislação local dispor sobre as condições para exercício da gratuidade nos meios de transporte;

- ➤ No sistema de transporte coletivo interestadual observar-se-á nos termos da legislação especifica: a reserva de duas vagas gratuitas por veículo para idosos com renda igual ou inferior a dois salários mínimos, desconto de 50% no mínimo, no valor das passagens, para os idosos que excederem as vagas gratuitas, com renda igual ou inferior a dois salários mínimos – caberá aos órgãos competentes definir mecanismos e os critérios para o exercício dos direitos;

- ➤ É assegurada a reserva, para os idosos, nos termos da lei local 5% das vagas nos estacionamentos públicos e privados, as quais deverão ser posicionadas de forma a garantir e melhor comodidade para o idoso;

- ➤ Geralmente as prefeituras concedem isenção (ou redução) do IPTU para um imóvel próprio do idoso, porém, depende do valor do imóvel e nível de renda, portanto, o interessado deve consultar a legislação local do município para obtenção do benefício.

S – PESSOAS COM DEFICIÊNCIA

Figura 23: Foto Livro

Fonte: Autor (2018)

No caso das pessoas com deficiência (PCD) existem diversos benefícios fiscais que podem ser utilizados no âmbito: federal, estadual e municipal, porém, tudo deve ser comprovado de acordo com a legislação em vigor, e a lista de deficiências emitida pelo governo deve ser consultada previamente, assim como, o Estatuto da Pessoa com Deficiência – Lei 13.146/15.

Dentre os vários benefícios disponibilizados[8] pela legislação, destacamos a seguir alguns relativos a área econômica financeira que podem ser obtidos juntos aos órgãos públicos, tais como: Receita Federal do Brasil, Receita Estadual e Municipal, são eles:

---

8 https://www.gov.br/previdencia/pt-br/assuntos/noticias/previdencia/beneficios/beneficios-conheca-os-beneficios-tributarios-destinados-pessoa-com-deficiencia – acesso em 19.06.2021

Imposto de Renda Pessoa Física – a lista de doenças deve ser consultada;

Imposto sobre Produtos Industrializados IPI – Isenção para compra de veículos;

Imposto sobre Operações Financeiras – Isenção para financiamento para aquisição de veículos;

Imposto de Circulação de Mercadorias e Serviços ICMS – Tributo Estadual, portanto, a Secretaria da Fazenda do Estado deve ser consultada para Isenção ou desconto na compra de veículos;

Imposto sobre a Propriedade de Veículos Automotores – IPVA – Tributo Estadual, portanto, a Secretaria da Fazenda do Estado deve ser consultada para isenção ou desconto;

Imposto sobre a Propriedade Territorial Urbana IPTU – Tributo Municipal, portanto a Secretaria da Fazenda do Município deve ser consultada das condições legais para isenção ou desconto disponibilizada por cada município;

Tarifa de ônibus – A legislação municipal deve ser consultada a respeito da legislação deste benefício.

T – PLANEJAMENTO DE GASTOS

O objetivo é antes de efetuar um gasto na compra de qualquer produto/serviço, saber se teremos recursos financeiros para pagar a conta, e ainda, analisar se efetivamente precisamos realizar este gasto neste momento, analisando se podemos adiar, reduzir ou até cancelar o gasto.

Certamente esta análise evita e previne muitos problemas futuros.

U – NEGOCIAR O PREÇO EM TODAS AS COMPRAS DE PRODUTOS E SERVIÇOS

Na maioria dos gastos que realizamos diariamente não temos o hábito de solicitar descontos para o comerciante ou fabricante.

Evidente que todos os produtos geralmente têm um custo financeiro embutido, bem como, uma margem de lucro para concessão de eventuais descontos, seja por quantidade, prazo de entrega, condição de pagamento etc.

Portanto, diariamente devemos ter o hábito de negociar este desconto com os fornecedores de produtos e serviços que utilizamos diariamente.

V – CONTRATAÇÃO DE SEGUROS

Evidente que acidentes podem ocorrer independente de nossa vontade, e por consequência trazem prejuízos em nossos bens materiais e pessoais, podendo afetar (perder) nosso patrimônio que foi conquistado ao longo de vários anos de árduo trabalho.

Para não corrermos este risco é altamente recomendável a contratação de seguros em diversos ramos, dependendo da atuação pessoal e profissional de cada um de nós.

Neste sentido podemos citar algumas modalidades, tais como:

- ➤ Acidentes Pessoais
- ➤ Morte
- ➤ Veículos
- ➤ Imóveis (roubo, incêndio etc.)
- ➤ Responsabilidade Civil
- ➤ Seguro Saúde
- ➤ Seguro Odontológico

Evidente que, antes de efetuarmos qualquer contratação, devemos fazer um estudo de quais seguros realmente necessitamos e fazer uma cotação entre diversas seguradoras tradicionais, para escolhermos a melhor cobertura, preço e condições de pagamento.

Entretanto, existe uma possibilidade não convencional com um grau de risco muito elevado (poucas empresas adotam esta sistemática) onde ao invés de efetuarmos o pagamento do seguro, investimos este dinheiro ao longo dos anos e caso ocorra algum sinistro, utilizamos esta verba que foi investida anteriormente.

4 – *Poupando Despesas e Investimentos Desnecessários*

Para compreender a sistemática apresentada, efetuamos um exemplo de fácil compreensão: uma motocicleta no valor de R$ 15.0000,00 com um valor de seguro anual em média de R$ 3.000,00.

É fácil observar que em 5 anos o segurado pagou para a companhia de seguros uma moto nova (R$ 3.000,00 x 5 anos = R$ 15.000,00), entretanto, se ao invés de contratarmos o seguro assumirmos o risco, teremos ao final de 5 anos os R$ 15.000,00 acrescido de juros e correção, mas, se ocorrer algum sinistro, o prejuízo é certo.

Portanto, ESTE RISCO É MUITO ELEVADO E DEVE SER MUITO BEM PENSADO E ANALISADO.

Enfim, estes são apenas alguns exemplos de como podemos deixar de efetuar gastos desnecessários em nosso dia a dia, porém, na realidade cada um de nós, pode aumentar esta lista consideravelmente, e agora imagine se conseguirmos simultaneamente lograr êxito em todos estes recursos diariamente, o quanto conseguiríamos investir mensalmente para garantir nosso futuro, ou ainda, pagar dívidas.

Suponha que consigamos....

Efetivamente a pretensão não é fazer sacrifícios e restringir tudo em nossa qualidade de vida, o objetivo é analisar se nós realmente precisamos e podemos realizar estas despesas ou adquirir estes ativos de modo a disciplinar os gastos.

Agora, imagine se você mensalmente conseguir resguardar mensalmente R$ 1.000,00 por 5 anos (60 meses) e investir em renda fixa/variável a uma taxa de juros de 0,5% ao mês ao final do período teríamos aproximadamente R$ 70.000.00 e ampliando o raciocínio se tivéssemos investido principalmente em renda variável – bolsa de valores, fundo imobiliário e outros ativos? Quanto teríamos em recursos financeiros disponíveis?

Portanto, faça uma reflexão!

5
APOSENTADORIA – PREVIDÊNCIA PÚBLICA – INSS

Figura 24: Imagem INSS

https://meu.inss.gov.br/central/#/login – acesso em 19.06.2021

Para os que pretendem se aposentar ou aposentados a previsão futura não é das mais otimistas, pois os reajustes para os aposentados que ganham mais de um salário mínimo mensal não superam alguns índices de inflação, portanto, a tendência de experimentar a **lei dos rendimentos decrescentes** é grande para os aposentados, ora senão vejamos a tabela abaixo:

Figura 25: Tabela Comparativa

ANO	INPC	IPCA
2020	5,45	4,52
2019	4,48	4,31
2018	3,43	3,75
2017	2,07	2,96
2016	6,58	6,39

5 – Aposentadoria – Previdência Pública – INSS

Figura 26: Quadro Comparativo

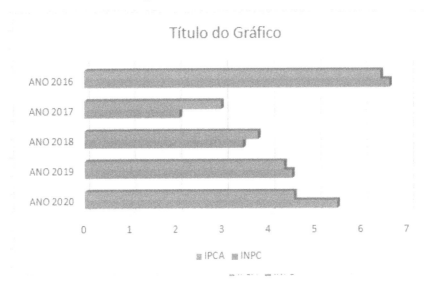

Fonte: vide abaixo [9]

INPC – Correção do poder de compra dos salários através da mensuração da variação do custo da cesta de consumo da população assalariada com baixo rendimento.

IPCA – Índice Nacional de Preços ao Consumidor Amplo do IBGE. Mede a variação de preços para o consumidor final que residem em algumas cidades do País.

Vale lembrar que os aposentados que recebem mais de um salário mínimo que é de R$ 998,00 – receberam em Janeiro de 2019 (relativo ao ano 2018) a correção pelo INPC de 4,48% do INSS, porém, quem recebe um salário mínimo o reajuste foi de 4,6%.

Importante destacar que no pagamento da aposentadoria mensal é descontado mensalmente do aposentado o Imposto de Renda Retido na Fonte conforme tabela progressiva abaixo, a qual não sofre correção dos índices de inflação deste 2015, portanto, é mais um fator que contribui para diminuir os ganhos efetivos dos rendimentos de aposenta-

---
9 Dados obtidos no site: https://www.ibge.gov.br/estatisticas/economicas/precos-e-custos/9256-indice-nacional-de-precos-ao-consumidor-amplo.html?t=destaques – acesso em 02.02.2021

doria, consequentemente reduzindo o poder aquisitivo do aposentado ano após ano.

FIGURA 27: Tabela IRPF

BASE DE CÁLCULO EM REAIS – R$	ALÍQUOTA %	PARCELA A DEDUZIR
ATÉ 1.903,98	-	-
DE 1.903,99 A 2.826,65	7,50	142,80
DE 2.926,66 A 3.751,05	15,00	354,80
DE 3.751,06 A 4.664,68	22,50	636,13
ACIMA DE 4.664,68	27,50	869,36

Fonte: vide abaixo[10]

Destacamos também que o teto (limite máximo de benefício) é atualmente de R$ 6.433,57 e as contribuições mensais dos trabalhadores segue a tabela abaixo:

Figura 28: Tabela INSS

PORCENTAGEM	VALORES DE CONTRIBUIÇÃO EM REAIS – R$
7,5%	ATÉ 1.100,00
9,0%	DE 1.100,01 A 2.203,48
12,0%	DE 2.203,49 A 3.305.,22
14,0%	DE 3.305,23 A 6.433,57

Fonte: vide abaixo[11]

Ocorre que em virtude da EC 103/19 que definiu a reforma previdenciária, modificou o seu artigo 18, onde as alíquotas de contribuição do empregado segurado, que se agora se iniciam em 7,5% chegando a 14% a partir de Março/2020: [12]

Vale destacar que o recolhimento será feito na forma de alíquota nominal e contribuição efetiva, por exemplo, o desconto na faixa de 14%

10 http://receita.economia.gov.br/acesso-rapido/tributos/irpf-imposto-de-renda--pessoa-fisica – acesso em 05.10.2019
11 https://previdenciarista.com/blog/tabela-inss-em-2021-veja-o-valor-da-contri-buicao-e-reajustes-dos-beneficios/ – Acesso em 02.02.2021
12 https://www.inss.gov.br/confira-as-principais-mudancas-da-nova-previdencia/ – acesso em 06.01.2020

será aplicado somente na faixa que exceder os R$ 3.000,00 do salário recebido, portanto, a nova tabela sofre uma variação de 7,5% a 11,68%.

Observe também, que via de regra os reajustes dos planos de saúde, medicamentos e tarifas públicas superam em muito os reajustes anuais para os aposentados e pensionistas.

Outro fator a ser levado em consideração é que a expectativa de vida do brasileiro vem aumentando constantemente, portanto, no futuro não poderemos depender de somente uma fonte de renda (principalmente o INSS), por consequência, deveremos gerar outras fontes de renda sustentáveis para os próximos anos.

De acordo com os dados do IBGE do ano de 2018, a expectativa de vida do Brasileiro aumentou, sendo que a expectativa de vida dos homens aumentou de 72,5 anos para 72,8 anos e para as mulheres de 79,6 anos para 79,9 anos.[13]

Portanto, a sugestão é que ao longo do tempo de nossas vidas devemos construir um colchão de investimentos financeiros em renda fixa e renda variável para garantir uma renda futura, garantido nossa independência financeira, pois com relação ao INSS podemos afirmar que:

INSS – ISTO NUNCA SERÁ O SUFICIENTE PARA O APOSENTADO

---

13 https://agenciadenoticias.ibge.gov.br/agencia-sala-de-imprensa/2013-agencia-de-noticias/releases/26104-em-2018-expectativa-de-vida-era-de-76-3-anos – acesso em 27.02.2020

6
O MERCADO DE TRABALHO E A INDUSTRIA 4.0

Figura 29: Quadro Ilustrativo

Fonte: Autor (2020)

Como podemos observar a tecnologia de informações (TI) vem avançando a cada dia trazendo milhares de inovações para as empresas e consumidores numa velocidade alucinante.

Ocorre que tais modificações criam facilidades para o consumidor e uma integração para a indústria, porém, ocorre que devido a automação deste processo milhares de postos de trabalho estão sendo extintos em todo o mundo.

Alvin Toffler em sua obra "O choque do futuro" do ano 1970, já previa a ocorrência da quarta revolução Industrial que hoje estamos vivendo. A seguir citamos alguns trechos de sua obra:

Para a maioria das pessoas, o termo tecnologia evoca imagens de siderúrgicas fumacentas ou de maquinas barulhentas. Talvez o símbolo clássico da tecnologia ainda seja a linha de montagem de Henry Ford meio século atrás e transformada num poderoso ícone social por Charles Chaplin seu filme tempos modernos. Este símbolo, no entanto, sempre foi inadequado, na verdade enganador, pois a tecnologia sempre foi mais do que fábricas e máquinas. A invenção da cangalha para bestas de carga na idade média levou a mudanças importantes nos métodos agrícolas e foi um avanço tecnológico, tanto quanto a fornalha Bessemer séculos mais tarde. Além disso, a tecnologia inclui técnicas, assim como as maquinas que podem ou não ser necessárias para aplica-las. Ela inclui modos de fazer com que ocorram reações químicas, modos de alimentar peixes, de plantar florestas, de iluminar teatros, de contar votos, ou de ensinar história. Os velhos símbolos da tecnologia são ainda mais enganadores nos dias de hoje, quando a maior parte dos processos tecnológicos e avançados são levados a efeito longe das linhas de montagem. Na verdade, tanto na eletrônica, quanto na tecnologia espacial, ou na parte das novas indústrias, um relativo silencio e um meio ambiente limpo são uma característica –às vezes até essencial. E a linha de montagem – a organização de exércitos de pessoas para levar a efeito simples funções repetitivas – é um anacronismo. Já é hora de mudarmos os nossos símbolos de tecnologia, de estarmos à altura das mudanças cada vez mais rápidas na própria tecnologia. (1970, p. 34).

Nos sistemas tecnológicos do amanhã – rápidos, fluídos e auto reguladores – as maquinas lidarão com o fluxo de materiais físicos; os homens com o fluxo de transformação e percepção. Maquinas irão cada vez mais realizar as tarefas rotineiras; os homens, as tarefas intelectuais e criativas. As máquinas, assim como os homens em vez de ficarem concentradas em fábricas gigantescas e cidades industriais, estarão espalhadas através do globo, ligadas por um sistema de comunicação impressionantemente sensível, quase instantâneo. O trabalho humano sairá da fábrica e do escritório massificado, para a comunidade e o lar.

As maquinas serão sincronizadas, como algumas até já são, ao nível do bilionésimo de segundo; os homens serão dessincronizados. O apito da fábrica vai desaparecer. Até mesmo o relógio de ponto, "a máquina chave da era industrial moderna" conforme Lewis Mumford o classificou uma geração atrás, perderá bastante de seu poder para os humanos, diferentes dos puramente tecnológicos. Simultaneamente, as organizações necessárias para controlar a tecnologia vão mudar da burocracia para a *ad-hocracia* [14], da permanente para a transitoriedade e de uma preocupação com o presente para um enfoque futuro. (1970, p. 323).

O computador irrompeu em cena por volta de 1.950. Com seu poder sem precedentes de análise e disseminação de tipos extremamente variados de dados, em quantidades inacreditáveis e velocidades estonteantes, ele se tornou uma força magna por trás das mais recentes acelerações na aquisição de conhecimento. Combinado com outras ferramentas de crescente poder, para observar o universo invisível a nossa volta, ele aumentou a taxa de aquisição de conhecimento a velocidades estarrecedoras.

Francis Bacon nos disse que "conhecimento é poder". Isso hoje pode ser traduzido para termos contemporâneos. Em nosso cenário local, **"conhecimento é mudança" e acelerar a aquisição de conhecimento, alimentando a grande maquina da tecnologia, significa acelerar as mudanças.** (1970, p. 39). (grifo nosso)

---

14 Entendemos o termo *ad-hocracia* utilizado na obra de Tofler como: um sistema variável e adaptativo, organizado em torno de problemas a serem resolvidos por grupo de pessoas com habilidade e profissões diversas e complementares.

6 – O Mercado de Trabalho e a Industria 4.0

George Orwell em sua obra denominada "1984", que foi escrita em 1940 prevendo o que iria ocorrer em 1984, já afirmava que o mundo inteiro seria conectado por um sistema mundial que integraria todos os governos e cidadãos.[15] Cita também que toda a população também seria monitorada (vigiada) pelos governos através deste sistema.

Atualmente podemos observar que tal fato já é uma realidade nos nossos dias, pois todos o sistema bancário, banco de dados estatal, receita federal, e-social e redes sociais, possibilitam o monitoramento de todas as transações comerciais e financeiras em tempo real.

Em outra obra de Toffler denominada "A Terceira Onda" (1980, p. 199 a 211) o autor cita o termo "Cabana Eletrônica" onde as empresas para reduzirem seus custos de produção, especificamente em transporte e tempo de locomoção nos grandes centros urbanos adotariam o sistema da Cabana Eletrônica – onde o trabalhador iria desempenhar o trabalho em sua própria residência. Podemos observar facilmente que isto atualmente já está ocorrendo com várias empresas adotando a sistemática do tele trabalho ou trabalho a distância (*home office*), que atualmente já se encontra regulamentado no Brasil devido a nova legislação trabalhista.

Em outra linha de raciocínio, Toffler (1980, p. 347) destaca o uso das energias renováveis:

> A transição para a nova e variada base de energia será errática ao extremo, como uma sucessão intermitente de abundancias, carências e oscilações malucas de preços. Mas a direção a longo prazo parece suficientemente clara – uma mudança pesadamente baseada numa única fonte de energia para uma mudança baseada mais certamente para muitas. Por fim, vemos uma civilização fundada uma vez mais em fontes de energia autossustentáveis e renováveis do que em exauríveis.

Efetivamente é o que ocorre atualmente com a adoção de fontes de energia alternativas renováveis e não poluentes, tais como, a energia eólica e solar.

Como podemos observar a tecnologia tem evoluído de maneira cada vez mais rápida, trazendo inovações na indústria e no nosso dia

---

15 ORWELL, George. *1984*. São Paulo: Schwarcz, 2009.

a dia, onde o novo substitui o anterior cada vez mais rápido, deixando as tecnologias de software atuais obsoletas cada vez mais depressa e promovendo uma mudança e integração radical através da automação utilizando-se das novas tecnologias na medicina, indústria, comércio e mercado de trabalho.

Nessa linha de raciocínio Schwab[16] destaca em sua obra o relatório da pesquisa Mudança Profunda – Pontos de inflexão Tecnológicos e Impactos Sociais publicado em 2015. A seguir citamos as 21 mudanças e 02 adicionais mencionadas em sua obra, que irão impactar no futuro de todos nós:

1. Tecnologias Implantáveis – Chips implantáveis no corpo humano
2. Nossa presença digital – Interações digitais
3. A visão como uma nova interface – Interação de dispositivos
4. Tecnologia vestível – Roupas conectadas a Internet
5. Computação ubíqua – Acesso regular a Internet
6. Um supercomputador em seu bolso – *Smartphones*
7. Armazenamento para todos – Evolução da capacidade
8. Internet das coisas e para as coisas – Sensores
9. A casa conectada – Conexões da casa com a Internet
10. Cidades inteligentes – Cidades conectando todos serviços públicos
11. *Big data* e as decisões – Gerenciamento de dados
12. Carros sem motorista – Testes em andamento
13. A inteligência artificial e a tomada de decisões – Sugestões a partir de análise de dados passados. Exemplo: Watson da IBM
14. A inteligência artificial e as funções administrativas – Automação de processos
15. Robótica e serviços – Implantação na indústria e agricultura

---

16 SCHWAB, Klaus. *A quarta revolução industrial.* São Paulo: Edipro, 2017, p. 115, 157.

6 – O Mercado de Trabalho e a Industria 4.0

16. *Bitcoin e blockchain* – Moedas digitais e controle

17. A economia compartilhada – Compartilhamento de produtos e serviços

18. Os governos e o *blockchain* – Regulamentação estatal para o controle do *Bitcoin*

19. Impressão em 3D e fabricação – Fabricação de produtos

20. Impressão em 3D e saúde humana – Criação de órgãos humanos via bioimpressão, bem como, exames a distância com a utilização do *smartphone* e tricorder utilizado para diagnosticar doenças corporais e colher informações do paciente

21. Impressão em 3D e produtos de consumo – Popularização do uso

22. Seres projetados – Sequenciamento do genoma que foi direta e deliberadamente editado

23. Neurotecnologias – Memória artificial implantada no cérebro

Evidente que a quarta revolução industrial está promovendo um avanço tecnológico sem precedentes para as empresas e consumidores, onde a automação dos sistemas e a velocidade nas transações assumiram um papel de destaque nos negócios, promovendo uma redução de custos e despesas de forma geral, assim como, inovando na forma de realizar os negócios.[17]

Acreditamos que é apenas um começo da evolução pois a quarta revolução industrial evolui a cada dia, trazendo benefícios para a população e empresas, e neste sentido apresentamos a seguir algumas das vantagens e desvantagens citadas na obra de Carota (2018, p. 13, 14)

VANTAGEM: Aceleração no processo de desenvolvimento e criação de novos negócios, produtos e serviços, redução da utilização de mão de obra braçal, aumento da demanda por mão de obra especia-

---

17 CAROTA, José Carlos. *Inteligência Empresarial*. Rio de Janeiro: Freitas Bastos, 2017, p. 7-13.

lizada (intelectual) para desenvolvimento dos processos, agilidade nas transações, dispensa de unidades de negócios físicas, transparência nas informações em banco de dados, e a constante evolução dos softwares e aplicativos permitindo disponibilizar novas tecnologias para o cidadão.

DESVANTAGEM: Desemprego crescente em face a redução dos postos de trabalho, redução da margem de lucro das empresas, padronização dos produtos e pouca possibilidade de reaproveitamento da mão de obra excedente, muitas industrias e empresas tradicionais serão obrigadas a mudar seu ramo de atividade em um curto espaço de tempo para adaptar-se e sobrevier as novas tecnologias.

Alfred Mill (2016, p. 169) em sua obra destaca que este tipo de desemprego se classifica como desemprego estrutural:

> O desemprego estrutural ocorre quando os conjuntos de habilidades dos candidatos a empregos não são mais procurados por causa da geografia ou obsolescência. À medida que as indústrias morrem em determinadas regiões do país ou se deslocam para outras regiões, os trabalhadores podem não conseguir se mudar junto com a empresas. Isso deixa os trabalhadores com um conjunto de habilidades que não é mais requerida. Esses trabalhadores devem se requalificar ou aceitar um emprego com salários mais baixos em um setor que requer menor qualificação. O desemprego estrutural é muitas vezes o resultado que o economista Joseph Schumpeter chamou de destruição criativa. À medida que ocorre inovação, as antigas tecnologias e indústrias são destruídas, o que libera recursos para a nova tecnologia e sua indústria.
>
> A invenção do computador pessoal foi a sentença de morte para a máquina de escrever. À media que a nova tecnologia avançava, a velha tecnologia e sua indústria eram destruídas. Como tempo, técnicos qualificados de conserto de máquina de escrever descobriram que seu conjunto de habilidades não era mais necessário e

enfrentaram uma destruição permanente de seus empregos. Enquanto isso ocorria novos empregos eram criados na nova indústria. O problema para os trabalhadores é que seus conjuntos de habilidades podem não ser úteis na nova indústria. A solução para o desemprego estrutural é educação e reciclagem.

Como observamos nesta breve análise da conjuntura econômica atual, o mercado de trabalho está mudando de forma radical, e deve mudar ainda mais, portanto, devemos permanecer atentos a estas modificações, pois muitas profissões devem desaparecer dando origem ao surgimento de novas oportunidades no mercado de trabalho que irão demandar mais capacidade intelectual e menos atividades que demandem mão de obra intensiva, pois novas tecnologias estão chegando com uma velocidade impressionante, tais como:

IMPRESSORA 3D

O desenvolvimento tecnológico deste equipamento é surpreendente, pois diversas peças e ferramentais que eram fabricados manualmente, hoje já podem ser produzidos pela impressora, que em pouco tempo estará construindo até prédios.

A tecnologia da Impressora 3D e a utilização da robótica para produtos industrializados padronizados e Medicina tem avançado no sentido de substituir a mão de obra industrial por robôs que tem ocorrido principalmente na indústria automobilística e de autopeças. Para completar o cenário, a evolução da utilização da impressora 3D permite ao setor industrial, medicina e de construção civil criar e desenvolver partes, peças e edifícios de maneira rápida, com um custo reduzido. Acreditamos que em curto espaço de tempo esta tecnologia estará com custo reduzido sendo utilizada por todas as indústrias, possibilitando a redução de custos e mão de obra aplicada no processo produtivo;

A questão que fica: **Qual o destino das maquinas industriais obsoletas e da mão de obra qualificada para este fim?**

Figura 30: Foto China Shangai – Feira CIIE[18] – 2018 – Impressora 3D

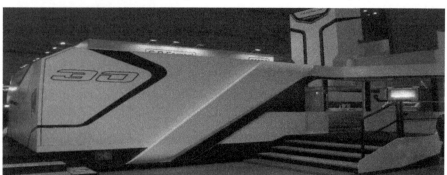

Fonte: Autor (2018)

HOLOGRAMAS

Atualmente a evolução dos hologramas já é uma realidade em outros países, pois podemos encontrar recepcionistas, atendentes e outras funções já sendo desenvolvidas por um sistema holográfico.

A pergunta: **Qual será o futuro de diversas profissões atuais, e eventualmente no futuro poderemos ter um holograma professor ou médico?**

Figura 31: Foto China Shangai – Feira CIIE – 2018 – Recepcionista Holograma

Fonte: Autor (2018)

---
18 *CIIE – China International Import and Export*

AUTOMAÇÃO EM SUPERMERCADOS

O grupo chinês Ali baba possui uma rede de supermercados automatizada, onde além do cliente efetuar a compra via internet e receber a mercadoria em 30 minutos em qualquer ponto da cidade de Shangai (24 milhões de habitantes), ele também pode realizar a compra pessoalmente em lojas físicas, porém, o pagamento é efetuado pelo próprio cliente nos caixas automáticos que efetuam a leitura do *QR Code* e executam a cobrança via sistema do *AliPay* ou reconhecimento facial.

Figura 32: Foto China Shangai – Feira CIIE – 2018 – caixa de autoatendimento

Fonte: Autor (2018)

Além do mais, para agregar valor aos seus produtos e fornecem produtos frescos para o cliente, a rede também (se o cliente solicitar) envia os alimentos devidamente preparados para consumo. Outro exemplo é a venda de peixes e frutos do mar vivos em quase todos os supermercados locais:

Figura 33: Foto China Shangai – Feira CIIE – 2018

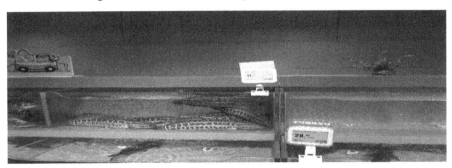

Fonte: Autor (2018)

Até a tradicional agua de coco gelada foi automatizada

Figura 34: Foto China Shangai – Feira CIIE – 2018

Fonte: Autor (2018)

TRANSPORTE COLETIVO

O congestionamento no trânsito nos grandes centros urbanos já é uma realidade, e para enfrentar a demanda de transporte a cidade de Shangai possui 17 linhas de metrô, além do trem bala e do *Maglev* (trem magnético).

É evidente que em um futuro próximo o transporte individual de veículos não será priorizado, tanto é, que já existem carros para locação por hora, tais como a locação de bicicletas amarelas ou patinetes na cidade de São Paulo.

Novamente com relação a automação, não existem mais caixas para compra de bilhetes de metrô, o que existe são maquinas onde o próprio cliente digita onde ele está e onde quer ir, pagando somente o trecho que utiliza.

Devemos também levar em consideração que os veículos autônomos sem motorista movidos a energia elétrica cujos protótipos já estão em fase de teste em diversos países, e, em um curto espaço de tempo (2022) devem começar a fazer parte do nosso cotidiano. Definitivamente o computador sobre rodas da Google e Tesla já se encontram entre nós, e surgem então as questões:

Qual será o futuro da indústria automobilística, indústria petrolífera, companhias de seguro (carteira veículos), motoristas profissionais e demais funcionários do setor de transporte no mercado de trabalho? Qual será o destino da atual frota de veículos atualmente em uso?

Figura 35: Foto China Shangai – Feira CIIE – 2018 – Trem *Maglev*

Fonte: Autor (2018)

Figura 36: Foto China Shangai – Feira CIIE – 2018 – Trem Bala

Fonte: Autor (2018)

Este é mais um motivo para que o leitor atente para sua carreira, controle de gastos e formação de um patrimônio que gere uma renda futura, para a possibilidade de surgimento de eventuais contingências pessoais no mercado de trabalho e possa de forma sustentável garantir sua aposentadoria ou rendimento futuro.

7
INVESTIMENTOS EM RENDA FIXA – TEORIA & PRÁTICA

Figura 37: Quadro Ilustrativo

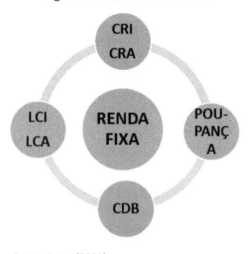

Fonte: Autor (2020)

O investimento em renda fixa é aquele em que o investidor sabe antecipadamente o quanto irá receber no futuro no momento que realiza o investimento, podendo ainda ser classificado como:

Pré-fixado onde o investidor já sabe qual será o valor futuro do resgate do investimento, exemplo CDB – Certificado de Depósito Bancário com prazo de 30 dias – com remuneração fixa de 1% ao mês, e

Pós-fixado, onde o rendimento será atrelado a uma taxa de juros fixa agregado a variação de um índice futuro que serve para nortear a correção de valores do investimento, exemplo: CDI[19] –Certificado de

---
19 CDI – Certificado de depósito interfinanceiro – Títulos emitidos por instituições financeiras que lastreiam suas operações de empréstimos no mercado financeiro. Neto Assaf, Alexandre. *Finanças corporativas e valor*. São Paulo: Atlas, 2008, p. 694.

Depósito Interbancário + 3,0% ao ano. Onde o CDI é a taxa variável e os 3% ao ano é a taxa fixa.

Aplicar em Renda Fixa é uma maneira em que as instituições captam recursos financeiros dos investidores e financiam empreendimentos ou projetos e suas atividades.

É um investimento que atrai o investidor devido a sua previsibilidade, pois ele sabe de antemão quanto será o seu rendimento futuro, porém, há uma regra, quanto maior o risco e o tempo do investimento, maior será o retorno financeiro para o investidor.

Vale destacar que um investimento em renda fixa não é uma garantia de lucratividade no futuro, pois a taxa de juros do mercado pode sofrer alterações em função do próprio mercado financeiro ou do governo que podem resultar em aumento ou diminuição da rentabilidade efetiva do capital investido.

A seguir destacamos algumas formas de investimentos disponibilizadas pelo mercado financeiro brasileiro:

A – FUNDO DE RENDA FIXA

Figura 38: Quadro Ilustrativo

Fonte: Autor (2020)

É um fundo de investimento de uma instituição financeira que capta os recursos dos investidores e investe em diversas modalidades de títulos públicos e privados de renda fixa, por exemplo: CDB, Letras do Tesouro Nacional, Papeis Bancários, Ouro, Ações eventualmente etc.

Evidente que cada fundo tem uma especialidade, que reflete no seu rendimento.

No fundo, o valor do investimento em Reais (R$) do cliente investidor é transformado em cotas[20] do fundo, as quais, tem valorização (ou até desvalorização) diária.

O investidor deverá ficar atento no tocante **a taxa de administração** que é cobrada através de um valor percentual anual pelo administrador do fundo, pois se ela for alta irá afetar a rentabilidade do investidor, como também, a sua **performance de rendimento**, destacando ainda que o valor da cobrança é proporcional ao valor total do montante aplicado.

O investidor deverá estar atento se o fundo está cobrando também **a taxa de performance**, a qual deve ser evitada pelo investidor, pois afeta diretamente o seu rendimento.

Vale a pena destacar que além dos Bancos, as Corretoras de valores Independentes também oferecem estes fundos com uma rentabilidade geralmente melhor que a dos Bancos.

Há incidência de Imposto de Renda Retido na Fonte sobre os rendimentos dos fundos que influem no rendimento do investidor dependendo da data do saque, conforme tabela abaixo descrita:

Figura 39: Tabela IRPF – Investimentos

PRAZO DO INVESTIMENTO	ALIQUOTA INCIDENTE
Até 180 dias	22,50 %
De 181 dias até 360	20,00 %
De 361 dias até 720	17,50 %
Acima de 720 dias	15,00 %

Fonte: vide abaixo[21]

---

20 Cota – Participação de um investidor no patrimônio de um fundo de investimento. Todo fundo vende cotas de participação, e seu preço varia de acordo com o desempenho de sua carteira de ativos. Neto Assaf, Alexandre. *Finanças corporativas e valor*. São Paulo: Atlas, 2008, p. 695.

21 http://normas.receita.fazenda.gov.br/sijut2consulta/link.action?visao=anotado&idAto=67494 – IN 1.585 RFB – Artigo 5º – acesso em 27.02.2020

A título de exemplo demonstramos de forma simplificada a sistemática de cálculo do tributo sobre os rendimentos do investimento:

1 – Investimento em CDB   Data: 17.03.2020   Valor R$ 100.000,00
2 – Data do Resgate   Data: 17.05.2020   Valor R$ 100.330,00
3 – Cálculo do IRRF:

Valor do Ganho (R$ 100.000,00 – 100.330,00) = R$ 330,00
Tabela do IRRF 180 dias = R$ 330,00 x 22,5% = 74,25
Rendimento Líquido = R$ 330,00 – R$ 74,25 = 255,75

Questão para reflexão: após a dedução do IRRF, o investimento foi realmente vantajoso se compararmos com os índices de inflação?

Destacamos ainda que nos meses de Maio e Novembro ocorre uma antecipação do Imposto de Renda Retido na Fonte a razão de 15,00% sobre os rendimentos dos fundos, que é o denominado **come cotas** (Lei 11.033/04 art. 1º, § 2º, inciso I) o qual é debitado automaticamente nas contas do fundo de cada cliente.

Uma das vantagens desta modalidade de fundo é que via de regra o cliente pode resgatar o seu investimento geralmente em um dia, porém, ele deve consultar as regras para saque que são disponibilizadas para todos os clientes quando da contratação do investimento.

B – FUNDO MULTIMERCADO

É um fundo de investimento de uma instituição financeira que investe parte de sua carteira em renda variável, por exemplo: ações, commodities, dólar, renda, fixa, euro, derivativos[22], podendo dependendo da eficiência do administrador (gestor) ser mais rentável que um fundo de renda fixa, porém, existe o risco de em determinado mês a rentabilidade ser negativa, pois ele contém títulos de renda variável.

Para ter uma rentabilidade melhor, o fundo multimercado assume vários fatores de risco na composição de sua carteira, não tendo uma concentração específica de ativos.

---

22 Derivativos – É qualquer título cujo valor é derivado do preço de algum outro ativo subjacente. Uma opção de compra de ações da IBM é um derivativo, da mesma forma que um contrato para comprar ienes japoneses daqui a 6 meses. O valor da opção da IBM dependerá do desempenho dos preços das ações da IBM, e o valor futuro dos ienes japoneses dependerá da taxa de câmbio entre iene e dólar. Brighan, Eugene F., Houston, Joel F. *Fundamentos da moderna administração financeira.* Rio de Janeiro: Elsevier, 1999, p. 117.

A tributação segue o mesmo modelo do fundo de renda fixa, exceção para o fundo de ações em que a tributação é de 15,00% conforme lei 11.033/04 artigo 3º, inciso I.

O fundo de ações tem por objetivo incorporar uma carteira onde predominam papeis de renda variável, tais como ações, assim como, uma parte da carteira acompanha o desempenho dos índices da Bolsa de valores

O fundo Cambial – investe a maioria de sua carteira em ativos relacionados a moeda estrangeira.

Para efeito de resgate segue as mesmas condições citadas no item "A".

C – CERTIFICADO DE DEPOSITO BANCÁRIO – CDB[23]

São títulos de crédito emitidos por instituições financeiras para captar recursos no mercado para financiar atividades bancárias, com diversos tipos de prazo e rendimento dependendo da instituição que oferece.

Existem 3 tipos de CDB: Prefixado, Pós-Fixado e os que remuneram a uma taxa prefixada somada com algum tipo de índice de inflação, como por exemplo: IPCA, IGPM, IPC etc.

Geralmente a rentabilidade segue o CDI ou SELIC[24].

A tributação segue o mesmo modelo do fundo de renda fixa, porém, para aplicações inferiores a 30 dias existe a cobrança de IOF e a aplicação mínima e prazo do investimento depende da Instituição que oferece o CDB.

Não pode ser resgatado antes do prazo de vencimento e o Banco não efetua cobrança de taxas para realizar o investimento.

---

23 CDB – Títulos emitidos por instituições financeiras lastreados em depósitos a prazo fixo realizados por investidores. NETO, Assaf. *Finanças corporativas e Valor*. São Paulo: Atlas, 2008, p. 694.

24 SELIC – Sistema especial de liquidação e custódia – Aplicado às operações com títulos públicos sob a responsabilidade do Banco Central e Associação Nacional de Distribuidoras do mercado aberto. NETO, Assaf. *Finanças corporativas e Valor*. São Paulo: Atlas, 2008, p. 702. É taxa de juros básica do País.

D – LCI – LETRA DE CRÉDITO IMOBILIÁRIO

São letras emitidas por instituições financeiras (securitizadora) para captar recursos dos investidores para o setor imobiliário com diversos tipos de prazo e rendimento.

Evidente que o cliente deverá analisar as propostas das Instituições que oferecem tais títulos, principalmente o prazo e a rentabilidade (Geralmente acompanha o CDI) que pode ser prefixado ou pós-fixado.

Atualmente podem ser encontrados no mercado LCI e LCA com possibilidade de liquidez diária após determinado período de tempo, mas via de regra não pode ser resgatada a qualquer momento.

Isento de Imposto de Renda com garantia do FGC.

E – LCA – LETRA DE CRÉDITO DO AGRONEGÓCIO

São letras emitidas por instituições financeiras (securitizadora) para captar recursos dos investidores para o setor do agronegócio com diversos tipos de prazo e rendimento.

Evidente que o cliente deverá analisar as propostas das Instituições que oferecem tais títulos, principalmente o prazo e a rentabilidade (Geralmente acompanha o CDI) que pode ser prefixado ou pós-fixado.

Atualmente podem ser encontrados no mercado LCI e LCA com possibilidade de liquidez diária após determinado período de tempo, mas via de regra não pode ser resgatada a qualquer momento.

Isento de Imposto de Renda com garantia do FGC.

F – CRI – CERTIFICADO DE RECEBIVEL IMOBILIÁRIO

São certificados de renda fixa emitidos por instituições privadas para captar recursos dos investidores para o setor imobiliário com diversos tipos de prazo e rendimento.

Existem várias formas de remuneração, e o mais comum é uma taxa prefixada agregada a um índice de inflação, como por exemplo IPCA + Juros e via de regra o pagamento dos juros é efetuado de forma semestral, anual ou mensal.

Neste caso o cliente deverá analisar as condições econômico financeiras da empresa tendo-se em vista o risco pois não há garantias legais (FGC), porém, a rentabilidade oferecida é geralmente é superior ao LCI e os prazos são longos.

Isento de Imposto de Renda para pessoas físicas

G – CRA – CERTIFICADO DE RECEBÍVEL DO AGRONEGÓCIO

São certificados de renda fixa emitidos por instituições privadas para captar recursos dos investidores para o setor do agronegócio com diversos tipos de prazo e rendimento.

Existem várias formas de remuneração, e o mais comum é uma taxa prefixada agregada a um índice de inflação, como por exemplo IPCA + Juros e via de regra o pagamento dos juros é efetuado de forma semestral, anual ou mensal.

Neste caso o cliente deverá analisar as condições econômico financeiras da empresa tendo-se em vista o risco pois não há garantias legais (FGC), porém, a rentabilidade oferecida é geralmente é superior ao LCA e os prazos são longos.

Isento de Imposto de Renda para pessoas físicas.

H – TESOURO DIRETO

São oferecidos diversos títulos do Governo Federal diretamente para as pessoas físicas com diversas modalidades de rendimento e prazos, onde a pessoa física ou jurídica pode adquirir ou vender diretamente os títulos na respectiva plataforma sem intermediários no site www.tesourodireto.gov.br.

As aplicações no tesouro direto podem ser feitas nos seguintes títulos: Tesouro Selic, Tesouro Prefixado, Tesouro Prefixado com juros semestrais, Tesouro IPCA, Tesouro IPCA com juros semestrais.

A Bovespa [25] descreve em seu site a seguir as vantagens para o investidor do tesouro direto:

---

25 http://www.b3.com.br/pt_br/produtos-e-servicos/tesouro-direto/informacoes-tecnicas.htm – acesso em 05.10.2019

✓ **Baixo risco e menor custo**

Por ser uma aplicação honrada pelo Governo Federal, tem baixo risco se comparada às outras alternativas de investimento oferecidas no mercado. Além disso, as aplicações em títulos públicos, geralmente, têm menor custo na comparação com os fundos.

✓ **Flexibilidade**

É uma aplicação versátil. Ou seja, que permite aplicações de grandes ou pequenos valores, com diversas datas de vencimento e modalidades de pagamento, possibilitando que o investidor programe seus resgates financeiros, de acordo com a sua conveniência.

✓ **Liquidez**

É possível resgatar a aplicação antes do vencimento. O Tesouro Nacional garante a recompra dos títulos, diariamente.

✓ **Diversificação**

Como existem dois tipos de títulos, prefixados e pós-fixados, o Tesouro Direto permite que o investidor diversifique suas aplicações, contemplando cenários de alta ou baixa de juros e variação da inflação.

✓ **Acessibilidade**

Com R$30 já é possível iniciar uma aplicação. Qualquer pessoa física com CPF e conta em uma instituição financeira habilitada pode se tornar um investidor do Tesouro Direto.

✓ **Comodidade**

Investir no Tesouro Direto é muito fácil! Você não precisa nem sair de casa, pois todas as transações são feitas pela Internet.

✓ **Vantagem tributária**

O Imposto de Renda (IR) só é cobrado do investidor no momento do vencimento do título ou do seu resgate antecipado, ou no recebimento das parcelas semestrais, dependendo do tipo do título.

Nos fundos de investimentos de renda fixa, por outro lado, o imposto é recolhido semestralmente, pelo mecanismo conhecido como "come-cotas". Como a parcela do IR permanece na carteira do investidor do Tesouro Direto até o resgate, continua a render juros.

I – POUPANÇA

Tradicional investimento popular com liquidez diária preestabelecida e rendimento mensal muito abaixo dos índices de mercado e inflação, ou seja, 70% da Selic ao ano mensalizada + TR, ou quando a inflação superar a 8,5% a rentabilidade será de 0,5% ao mês + TR. Atualmente em Junho de 2021 a Selic está fixada em 4,25% ao ano.

A vantagem é que pode ser resgatado a cada 30 dias (ou a qualquer momento sem juros) e não há incidência de imposto de renda e os bancos não cobram taxas para realizar o investimento.

Evidente que efetivamente não é um investimento rentável para o investidor, e sim uma maneira de guardar dinheiro.

J – TÍTULO DE CAPITALIZAÇÃO

É um título de crédito oferecido pelos Bancos regulamentado pela Superintendência de Seguros Privados – SUSEP, adquirido por um prazo determinado, com a finalidade de guardar dinheiro e participar de sorteios de prêmios.

Quando o investidor opta por comprar um título, existem 3 formas de pagamento: pagamento único *(PU)*, pagamento mensal *(PM)* e o pagamento periódico *(PP)*. **Neste valor são descontados o custeio do prêmio que será sorteado entre os participantes, assim como, as despesas administrativas das empresas habilitadas para realizar a capitalização.**

Além disso, esta quantia de dinheiro também possui uma correção pela TR – Taxa Referencial ou então por um índice de inflação pré-determinado contratualmente. Esta situação é definida no ato da compra do título de capitalização.

O título de capitalização também sofre a retenção de imposto de renda na fonte a razão de 20% no caso de resgate sem sorteio conforme lei 11.033/04 artigo 1º, § 3º, inciso II,

Portanto, é um dos piores investimentos disponibilizados pelo mercado, pois o investidor eventualmente pode receber no final do prazo (resgate), um valor menor do que aplicou, pois todos os prémios relativos aos sorteios e despesas administrativas são deduzidos do capital investido.

K – PGBL – PLANO GARANTIDOR BENEFÍCIO LIVRE

Tanto o PGBL quanto o VGBL têm como finalidade a acumulação de recursos financeiros no longo prazo com o objetivo de complementar a renda na aposentadoria. Para tanto, possuem incentivos fiscais com relação às demais aplicações financeiras no período de aplicação.

A principal característica do PGBL é a possibilidade de dedução das contribuições financeiras na base cálculo do imposto de renda pessoa física anual, até um limite de 12% da renda total tributável na declaração de imposto de renda do contribuinte pessoa física.

Quando dos resgates, a tributação do Plano incidirá sobre o principal e os rendimentos. Pode ser regressiva – atingindo 10% no final de 10 anos – ou progressiva, que dependendo da faixa tributária do contribuinte participante, pode chegar ao máximo de 27,5%.

A título exemplificativo segue abaixo as duas formas de tributação cuja opção fica a cargo do cliente quando da contratação do plano.

Figura 40: Tabela IRPF

TABELA REGRESSIVA DO IMPÔSTO DE RENDA
A alíquota é aplicada de acordo com o prazo de acumulação de **CADA** contribuição realizada
35% : até 2 anos
30% : de 2 a 4 anos
25% : de 4 a 6 anos
20% : de 6 a 8 anos
15% : de 8 a 10 anos
10%: acima de 10 anos

Figura 41: Tabela IRPF

TABELA PROGRESSIVA	IMPÔSTO	DE RENDA
BASE DE CALCULO – R$	**ALÍQUOTA**	**PARCELA A DEDUZIR – R$**
DE 1.903,99 A 2.826,65	7,5%	142,80
DE 2.826,66 A 3.751,05	15%	354,80
DE 3.751,06 A 4.664,68	22,5%	636,13
ACIMA DE 4.664,68	27,5%	869,36

Fonte: vide abaixo[26]

L –VGBL – VIDA GERADOR DE BENEFÍCIO LIVRE

Vida gerador de benefício livre (**VGBL**) é uma das modalidades de plano previdenciário privado adotado no Brasil.

O VGBL na realidade é um seguro de vida com cláusula de cobertura por sobrevivência. Basicamente, o VGBL não é um plano de previdência complementar, pois se enquadra no ramo de seguro de pessoas.

A principal característica do VGBL é o fato de o **Imposto de Renda** incidir apenas sobre a rentabilidade acumulada até o momento do resgate do benefício, e não sobre o montante total de cada resgate, como no PGBL.

Em contrapartida, os aportes feitos ao plano VGBL durante o período de acúmulo do capital não são dedutíveis do Imposto de Renda

---

26 http://receita.economia.gov.br/acesso-rapido/tributos/irpf-imposto-de-renda-
-pessoa-fisica – acesso em 05.10.2019

no ano dos aportes, como no PGBL. Ou seja, enquanto o PGBL permite postergar o pagamento de Imposto de Renda para o futuro, durante os resgates da aposentadoria, os recursos depositados no VGBL (Principal) são livres de Imposto de Renda porque já foram taxados no presente.

M – COE – CERTIFICADO DE OPERAÇÕES ESTRUTURADAS

É um investimento emitido por instituições financeiras que pode combinar elementos de Renda Fixa e Renda Variável com retornos atrelados a ativos e índices, tais como: Inflação, Cambio, Ações, Commodities etc.

Como característica ele tem vencimento previamente definido, e conforme o contrato entre o investidor e a instituição financeira, pode ter a clausula de capital protegido, como por exemplo: se o COE for atrelado à variação do dólar e no prazo de vencimento a cotação do dólar abaixou, o investidor recebe o seu capital originariamente investido, e caso a variação seja positiva, ele ganha dentro de determinados limites previamente estabelecidos. Evidente que esta garantia pode ter um limite teto contratual estabelecido.

Tributado pelo Imposto de Renda.

N – FIDIC – FUNDO DE INVESTIMENTO DE DIREITOS CREDITÓRIOS

O FIDIC é um investimento em renda fixa onde as Instituições Financeiras constituem este fundo e vendem cotas para os investidores.

Assaf Neto (2018, p. 352, 353) define o FIDIC como:

> Os Fundos de Investimento em Direitos Creditórios – FIDIC, também conhecidos como fundos de recebíveis, constituem-se em um fundo de recursos aplicados em diversos produtos financeiros lastreados nos resultados futuros de caixa de operações comerciais de vendas de bens e serviços. Estes fundos são formados, em outras palavras, por títulos de direitos creditórios dos mais variados segmentos, como comercial, financeiro e arrendamento mercantil. Para ser consi-

derado como FIDIC, mais da metade do patrimônio deve ser aplicado em títulos representativos de créditos dos segmentos comercial financeiro, imobiliário, arrendamento mercantil e prestação de serviços.

A formação de um FIDIC se processa a partir de uma empresa que realiza vendas a prazo e emite os correspondentes recebíveis para o comprador pagar. Lastreado nesses papeis, o fundo de recebíveis levanta recursos no mercado através da colocação de cotas junto a investidores. O dinheiro assim gerado é repassado pelo FIDIC para a empresa vendedora, através da compra de seus recebíveis.

Quando do vencimento das faturas (recebíveis), o comprador efetua seu pagamento a um banco indicado como depositário da cota do fundo, sendo os recursos recebidos transferidos ao FIDIC. Através desses fundos enviados pelo Banco depositário, o fundo de investimento efetua o pagamento dos rendimentos de seus investidores (cotistas).

O FIDIC possui ainda as seguintes características:
a) Pode ter prazo determinado ou indeterminado;
b) Pode ser condomínio aberto onde o cotista pode entrar e sair a qualquer momento e condomínio fechado onde a entrada e saída de cotistas não é permitida;
c) Para Investir o investidor deve ser classificado como profissional e qualificado;
d) O fundo possui cotas seniores (rendimento pré-fixado) e preferência na amortização e juros, e cotas subordinadas;
e) Tributado pelo Imposto de Renda;
f) Não tem garantia do FGC – Fundo Garantidor de Crédito;
g) Possui valores mínimos para investimento.

8

INFORMAÇÕES RELEVANTES PARA O INVESTIDOR

Antes do investidor começar a realizar e formar sua carteira de investimentos em renda fixa e variável, deve levar em consideração os seguintes aspectos relevantes a seguir descritos que certamente irão influenciar na segurança, performance, rentabilidade e sustentabilidade do investimento:

8.1 – Antes de realizarmos o investimento em renda fixa devemos analisar a performance e a qualidade dos ativos do fundo ou outros papéis que estamos adquirindo, assim como, a saúde financeira da instituição ou empresa que está captando os recursos financeiros.

Um parâmetro para análise de performance com relação aos rendimentos que podemos adotar, é a taxa Selic do Governo Federal que é costumeiramente revisada periodicamente, assim como, a taxa do CDI, que nada mais é que é a taxa que os Bancos utilizam para suas transações (um pouco menor que a Selic, exemplo Selic de novembro é de 5,0%, o CDI é 4,9% tendo como referencial a Selic).

Pois bem, se possuímos um investimento em um fundo de renda fixa cuja performance de rendimento é inferior ao CDI, significa que o investimento não acompanha os índices do mercado financeiro e inflação, portanto, o rendimento não é positivo e não agrega resultado em nossos investimentos, por consequência, antes de optar por um investimento compare a rentabilidade anterior e prometida com a média de mercado, e esteja sempre atento a promessas fora da realidade.

Uma forma para avaliar o fundo de investimento é fazer uma comparação nos sites a seguir descrito que trazem a performance comparativa dos fundos de investimento existentes no mercado ao longo do tempo:

https://verios.com.br/

www.maisretorno.com.br

8.2 – O PGBL e VGBL – O investidor deverá ficar atento no tocante a quatro aspectos a serem levados em consideração na contratação do plano:

8.2.1 – Taxa de Carregamento – É uma taxa cobrada pela Instituição em porcentagem para cada novo aporte de capital que é realizado pelo investidor. Ocorre que esta despesa reduz a rentabilidade e o capital investido, como por exemplo: Em um aporte mensal de R$ 1.000,00 se existir uma taxa de carregamento de 5%, portanto, o valor do seu investimento mensal na realidade não é R$ 1.000,00 e sim R$ 950,00.

Sugerimos que o investidor procure planos em que a taxa de carregamento obrigatoriamente seja "ZERO".

Abaixo demonstramos uma planilha de aportes em PGBL feitas por um cliente por 6 meses com taxa de carregamento de 5%:

Figura 42 – Tabela Comparativa Investimento PGBL com taxa carregamento

MÊS	APORTE MENSAL	TAXA DE CARREGA-MENTO	VALOR R$ (-)	VALOR INVES-TIDO	TAXA 1%	VALOR TOTAL INVES-TIDO
JANEIRO	1.000,00	5,00%	-50,00	950,00	9,50	959,50
FEVEREIRO	1.000,00	5,00%	-50,00	950,00	19,10	1.928,60
MARÇO	1.000,00	5,00%	-50,00	950,00	28,79	2.907,38
ABRIL	1.000,00	5,00%	-50,00	950,00	38,57	3.895,95
MAIO	1.000,00	5,00%	-50,00	950,00	48,46	4.894,41
JUNHO	1.000,00	5,00%	-50,00	950,00	58,44	5.902,86
TOTAL	6.000,00		-300,00	5.700,00	202,86	5.902,86

Fonte: Autor (2020)

8 – Informações Relevantes para o Investidor

Observe que no decorrer de 6 meses o cliente efetuou aportes no valor total de R$ 6.000,00, porém, efetivamente só foram investidos $ 5.700,00, ficando a diferença de R$ 300,00 com instituição administradora do PBGL, além do mais os juros mensais foram calculados sobre R$ 5.700,00 e não sobre R$ 6.000,00, e não podemos esquecer das eventuais taxas de administração que são cobradas e o Imposto de Renda quando do resgate do investimento.

8.2.2 – Taxa de administração – Se a taxa cobrada pela Instituição for elevada irá refletir na rentabilidade do investimento.

8.2.3 – Análise da composição da carteira de ativos do PGBL/VGBL – É importante antes da contratação do plano analisar onde o administrador (gestor) investiu os recursos financeiros que recebeu para gerir.

O objetivo é conhecer a qualidade dos ativos que o administrador adquiriu para garantir a sustentabilidade futura do investimento, pois se o investimento foi realizado em ativos podres, eventualmente no futuro o Plano poderá ter problemas de liquidez no momento do resgate.

8.2.4 – Forma de tributação do Imposto de Renda – Tabela Progressiva ou Regressiva que deve ser escolhida pelo investidor na contratação do plano PGBL, pois sua influência no rendimento é muito grande.

Para aclarar o entendimento da importância da escolha da tributação do Imposto de Renda, demonstramos com um exemplo comparativo simplificado, a aplicação das duas sistemáticas de tributação disponibilizadas pela legislação para o investidor:

PGBL RESGATE – DUAS OPÇÕES – RESGATE TOTAL – VALOR R$ 5.902,86

A – TRIBUTAÇÃO PROGRESSIVA   R$ 5.902,86

Prazo 6 meses

Alíquota 27,5%   (R$ 1.623,28)

Dedução da tabela do IRRF   R$ 869,36

LIQUIDO A RECEBER   R$ 5.148,94

B – TRIBUTAÇÃO REGRESSIVA	R$ 5.902,86
Prazo 6 meses	
Alíquota – 35% – até 2 anos	(R$ 2.066,01)
LIQUIDO A RECEBER	R$ 3.836,85

OBSERVAÇÃO: Vale destacar que o investidor obteve o benefício fiscal de deduzir o valor do investimento da renda total tributável do IRPF até o limite de 12%.

8.3 – FGC – Fundo Garantidor de Crédito [27]– É uma entidade privada mantida com recursos das principais instituições financeiras do país que não possui fins lucrativos, e é responsável por socorrer os investidores, poupadores e correntistas em caso de falência de uma Instituição Financeira até o limite de R$ 250.000,00 por CPF ou CNPJ e por instituição financeira de um mesmo conglomerado existente. Existe também uma garantia Adicional de até R$ 1.000.000,00 a cada 4 anos.

Os produtos de renda fixa, tais como: CDB, Poupança, LCI, LCA, Letras de Câmbio e Conta Corrente **contam com a proteção do FGC**, porém, os fundos de investimento e CRI, CRA e debêntures **NÃO contam** com esta proteção, além dos demais produtos financeiros conforme constam no site do FGC[28] a seguir relatados:

1. Os depósitos, empréstimos ou quaisquer outros recursos captados ou levantados no exterior;
2. As operações relacionadas a programas de interesse governamental instituídos por lei;
3. Os depósitos judiciais;
4. Qualquer instrumento financeiro que contenha cláusula de subordinação, autorizado ou não pelo Banco Central do Brasil a integrar o patrimônio de referência de instituições financeiras e demais instituições autorizadas a funcionar pela referida autarquia;
5. Os créditos:

---

27 https://fgc.org.br/sobre-o-fgc/quem-somos – acesso em 02.12.19
28 https://www.fgc.org.br/garantia-fgc/fgc-nova-garantia – acesso em 06.10.2019

8 – Informações Relevantes para o Investidor

✓ De titularidade de instituições financeiras e demais instituições autorizadas a funcionar pelo Banco Central do Brasil, de entidades de previdência complementar, de sociedades seguradoras, de sociedades de capitalização, de clubes de investimento e de fundos de investimento; e

✓ Representados por cotas de fundos de investimento ou que representem quaisquer participações nas entidades referidas no item anterior ou nos instrumentos financeiros de sua titularidade.

6. Letra Imobiliária – LI
7. A Letra Imobiliária Garantida – LIG, criada pela Resolução CMN nº 4.598/2017.

Como podemos observar o objetivo principal do FGC é oferecer maior garantia para clientes e investidores do mercado financeiro com recursos aplicados ou depositados nas respectivas instituições financeiras, sendo uma proteção na eventualidade destas instituições sofrerem intervenção, liquidação extrajudicial ou até falência.

Portanto, na eventual ocorrência de problemas com a Instituição Financeira o investidor pode contar com a garantia do FGC dentro dos limites estabelecidos, porém, deve levar em consideração a existência de um lapso de tempo para realização do pagamento por parte do FGC.

8.4 Importante destacar que caso o investidor efetue resgates dos seus investimentos antes de decorridos 30 dias, haverá incidência de IOF de forma regressiva, portanto, dentro dos 30 dias, quanto menor for o prazo de resgate maior será a alíquota incidente sobre os rendimentos, conforme tabela abaixo destacada no site do Banco do Brasil:[29]

1-96%, 2-93%, 3-90%, 4-86%, 5-83%, 6-80%, 7-76%, 8-73%, 9-70%, 10-66%, 11- 63%, 12-60%, 13-56%, 14-53%, 15-50%, 16-46%, 17-43%, 18-40%, 19-36%, 20-33%, 21-30%, 22-26%, 23-23%, 24-20%, 25-16%, 26-13%, 27-10%, 28-6%, 29-3%, 30-0%.

---

29 https://www.bb.com.br/docs/pub/inst/dwn/TabIOFRegressivo.pdf – acesso em 03.06.2020

8.5 Perfil do Investidor

É uma análise feita pela instituição financeira através de um questionário cuja metodologia tem como finalidade identificar a adequação da carteira de investimentos para o cliente em relação aos seus objetivos e tolerância do cliente a riscos e definição de prazos do investimento.

Neste questionário, poderemos identificar 3 tipos de perfis (ou mais dependendo da instituição financeira):

Conservador – Preserva o capital e liquidez e tem pouca ou nenhuma tolerância a riscos de mercado, geralmente opta por investimentos de baixo risco e oscilação de mercado.

Moderado – Está disposto a correr algum risco em uma parcela de seus investimentos, e possui baixa necessidade de liquidez a curto e médio prazo e possui tolerância a riscos de longo prazo e opta por realizar investimentos mais arriscados em apenas uma parte dos seus investimentos.

Arrojado ou Agressivo – Disposto a correr riscos, baixa necessidade de liquidez a curto e médio prazo e aceita e entende as flutuações do mercado financeiro e tem como objetivo um retorno com lucros elevados a médio e longo prazo e possui preparo técnico para suportar as oscilações do mercado financeiro

A seguir elaboramos um quadro resumo comparativo com as principais características de cada investidor.

Figura 43: Tabela Comparativa

INVESTIDOR	CONSERVADOR	MODERADO	AGRESSIVO
RISCO	MENOR	BAIXO	ELEVADO
PRAZO	CURTO	CURTO	LONGO
FLUTUAÇÃO	MENOR	LIMITADA	ALTA
POTENCIAL DE GANHO	LIMITADO	ESTREITO	ELEVADO

Fonte: Autor (2020)

8.6 Investimento Negativo

Uma atenção especial deve tomar o investidor em renda fixa a curto e médio prazo, pois em Junho de 2020 o governo federal baixou a

8 – *Informações Relevantes para o Investidor*

taxa de juros Selic para 2,25% ao ano, com tendência de uma nova baixa nas próximas reuniões do Conselho de Política Monetária.

Na prática e de uma maneira simples estamos falando de uma taxa mensal de juros para nossos investimentos na ordem de aproximadamente 0,18% ao mês, que deverá ainda sofrer a dedução do Imposto de Renda Retido na Fonte que que pode chegar a 22,5% sobre os rendimentos, e dessa forma, o investidor irá obter aproximadamente 0,14% ao mês.

Portanto, se a inflação avançar, por consequência, o retorno do investimento realizado estará comprometido e não conseguirá manter o poder de compra, ou seja, o investimento será negativo.

A vista disso, antes de realizarmos qualquer investimento devemos analisar a qualidade e rentabilidade do ativo que estamos adquirindo, assim como, o cenário econômico e político, e principalmente a tributação incidente e os prazos de resgate.

8.7 Recomendações Importantes

Portanto, destacamos algumas recomendações importantes caso você seja um investidor iniciante (ou não):

- ➢ **Procure obter informações das empresas, corretoras e instituições financeiras através de fontes seguras de informação antes de realizar qualquer investimento ou operação financeira;**
- ➢ **Inicie seus investimentos com pequenos valores e durante um determinado período de tempo analise sua performance pessoal na escolha correta dos ativos, analisando de forma constante o rendimento obtido ao longo do tempo, inclusive fazendo comparações;**
- ➢ **Não se exponha a riscos desnecessários, seja extremamente cauteloso com o seu dinheiro, proteja o seu patrimônio;**
- ➢ **Não coloque todos os seus ovos em somente um cesto, diversifique;**

- ➤ Se necessário consulte um Assessor Financeiro de confiança e ainda um contador que pode ajudá-lo a interpretar os números das demonstrações financeiras das empresas e a tributação incidente sobre o investimento;

- ➤ Não acredite em investimentos milagrosos que prometem renda fora dos parâmetros normais de realidade, tipo pirâmides financeiras;

- ➤ Antes de trocar de investimento analise o custo da substituição, principalmente da tabela de Imposto de Renda Retido na Fonte no resgate (principalmente se resgate ocorrer em menos de 6 meses), assim como, o IOF em resgates com prazos inferiores a 30 dias;

- ➤ Dinheiro do investidor que tem compromisso assumido não deve ficar em renda variável;

- ➤ Sempre mantenha recursos de reservas (pelo menos 12 meses) para possíveis e eventuais emergências em aplicações de liquidez imediata e baixo risco.

E lembre-se: Não existe o melhor investimento, o que existe é o investimento mais adequado a um objetivo e perfil de risco compatível do investidor.

Por consequência, surge a questão:

Figura 44: Quadro ilustrativo

Fonte: Autor (2020)

8 – Informações Relevantes para o Investidor

A seguir demonstramos alguns exemplos gráficos com diferentes níveis de opções de diversificação da carteira de investimentos.

Figuras 45: Quadro Comparativo exemplificativo de perfis

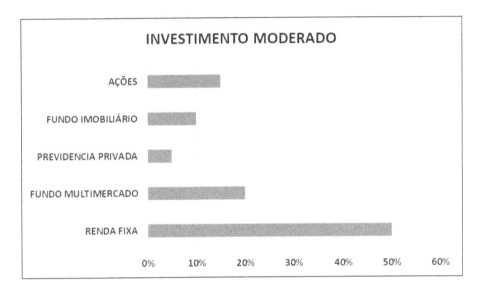

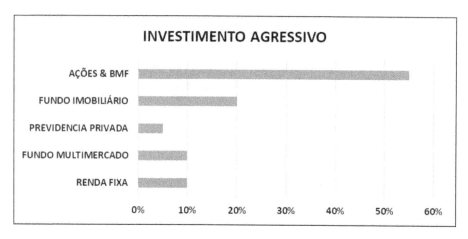

Fonte: Autor: 2020

9
INVESTIMENTOS EM RENDA VARIÁVEL – TEORIA & PRÁTICA

Figura 46: Gráfico de variações anuais das ações extraídos do site da Bovespa

Fonte: Vide nota de rodapé[30]

Neste item serão abordadas as principais formas de investimento em renda variável disponibilizadas pelo mercado financeiro brasileiro:

9.1 AÇÕES

O mercado de renda variável brasileiro oferece várias oportunidades de investimentos, e dentre elas encontram-se as ações[31] das empre-

---

[30] http://www.b3.com.br/pt_br/market-data-e-indices/servicos-de-dados/market-data/cotacoes/ – Acesso em 03.01.2020
[31] Ações – Parcela representativa do capital social de uma sociedade. NETO ASSAF, Alexandre – *Finanças Corporativas e Valor*. São Paulo: Atlas, 2008, p. 691.

sas listadas na Bovespa – Bolsa de Valores de São Paulo – B3, portanto, basicamente o investidor decide comprar ações pelos seguintes motivos:

- ✓ Quando o investidor adquire uma ação de uma empresa, ele está comprando uma fração que é parte do capital social da companhia, tornando-se sócio do empreendimento;

- ✓ Se a empresa obter lucro, este lucro tecnicamente se denomina dividendo, e o mesmo será dividido entre os acionistas na proporção do número de ações adquiridas, o qual será pago em determinadas datas definidas pela administração da empresa;

- ✓ Evidente que quem compra uma ação espera dois resultados: recebimento de dividendos e valorização da ação no mercado;

- ✓ A valorização da ação se deve a diversos fatores de mercado, portanto, a cotação da ação depende da performance da empresa, desenvolvimento e êxito de novos projetos, políticas econômicas e mercado interno e externo;

- ✓ Juros sobre capital próprio – JCP[32] – é a remuneração do capital próprio investido na empresa paga em dinheiro ao acionista, adicionalmente ou até substituindo total ou em parte o dividendo.

  Para a empresa o pagamento do JCP é vantajoso pois é uma despesa financeira reduzindo base de cálculo do lucro tributável do Imposto de Renda Pessoa jurídica, e para a pessoa física do sócio também é vantajoso pois ele é tributável exclusivamente na fonte. É uma maneira de incentivar o investidor;

---

32 Juro Sobre Capital – Valor que deve representar o interesse ou compensação do capital aplicado em uma empresa, e que, segundo algumas teorias, deveria ser incluído no custo de um produto (teoria de economistas e de raríssimos contabilistas); despesa figurativa que representa o valor que renderia um capital aplicado. SÀ. Antônio Lopes, Sá Ana Maria Lopes de. *Dicionário de Contabilidade*. São Paulo: Atlas, 2009.

✓ Direito de subscrição – Em caso de eventual aumento de capital os atuais acionistas gozam do privilégio de serem previamente consultados no sentido de adquirirem as novas ações em quantidade proporcional as ações que possuem.

A Bovespa define em seu site[33] o conceito de ações, fornecendo inclusive suas características a seguir descritas:

> Ações são valores mobiliários emitidos por sociedades anônimas representativos de uma parcela do seu capital social. Em outras palavras, são títulos de propriedade que conferem a seus detentores (investidores) a participação na sociedade da empresa.
>
> Elas são emitidas por empresas que desejam principalmente captar recursos para desenvolver projetos que viabilizem o seu crescimento.
>
> As ações podem ser de dois tipos, ordinárias ou preferenciais, sendo que a principal diferença é que as ordinárias dão ao seu detentor direito de voto nas assembleias de acionistas e as preferenciais permitem o recebimento de dividendos em valor superior ao das ações ordinárias, bem como a prioridade no recebimento de reembolso do capital.
>
> O primeiro lançamento de ações no mercado é chamado de Oferta Pública Inicial (também conhecido pela sigla em inglês IPO – *Initial Public Offer)*. Após a abertura de capital e a oferta inicial, a empresa poderá realizar outras ofertas públicas, conhecidas como *"Follow on".*
>
> As ofertas públicas de ações (IPO e *Follow on*) podem ser primárias e/ou secundárias. Nas ofertas primárias, a empresa capta recursos novos para investimento e reestruturação de passivos, ou seja, ocorre efetivamente um aumento de capital da empresa. As ofertas

---

33   http://www.b3.com.br/pt_br/produtos-e-servicos/negociacao/renda-variavel/acoes.htm – acesso em 05.10.2019

secundárias, por sua vez, proporcionam liquidez aos empreendedores, que vendem parte de suas ações, num processo em que o capital da empresa permanece o mesmo, porém ocorre um aumento na base de sócios

A B3 criou segmentos especiais de listagem das companhias – Bovespa Mais, Bovespa Mais Nível 2, Novo Mercado, Nível 2 e Nível 1. Todos os segmentos prezam por rígidas regras de governança corporativa. Essas regras vão além das obrigações que as companhias têm perante a Lei das Sociedades por Ações e têm como objetivo melhorar a avaliação das companhias que decidem aderir, voluntariamente, a um desses níveis de listagem.

Além disso, tais regras atraem os investidores. Ao assegurar direitos e garantias aos acionistas, bem como a divulgação de informações mais completas para controladores, gestores da companhia e participantes do mercado, o risco é reduzido.

O Bovespa relata também em seu site como identificar o código da ação que é disponibilizada no mercado acionário: [34]

EXEMPLO: Código de negociação = **XXXXY**
XXXX = 04 letras maiúsculas que representam o nome do emissor da ação

Y = 01 número que representa o tipo da ação, adotado 3 para ordinária; 4 para preferencial; 5, 6, 7, 8 para preferenciais classes A, B, C e D, respectivamente Cotação Reais por Ação, com 02 casas decimais Liquidação Física e Financeira Prazo de liquidação D+2, a partir da data de negociação Mercado A vista Lote padrão Determinado pelo emissor, sendo geralmente igual a 100. No mercado fracionário é possível negociar quantidades inferiores ao lote padrão

---

34 http://www.b3.com.br/pt_br/produtos-e-servicos/negociacao/renda-variavel/acoes.htm – acesso em 02.12.2019

Ainda nesta linha de raciocínio, podemos citar a existência 3 tipos de ações disponibilizadas pelo mercado:

AÇÕES ORDINÁRIAS (ON) – É o tipo de ação que concede o direito de voto nas assembleias da companhia ao seu detentor. Portanto, se você for um investidor que possuir uma quantidade representativa das ações ordinárias, poderá opinar e votar decisões e estratégias definidas pelo conselho de administração da empresa. Na codificação todas as ações ordinárias possuem no final o código 3.

AÇÕES PREFERENCIAIS (PN) – Os investidores que possuem ações preferenciais têm preferência no recebimento dos dividendos pagos pela empresa quando ela obtém e distribui o lucro. Codificação: Na codificação todas as ações preferenciais possuem o código no final, 4, 5.

UNITS – São ativos negociados de forma composta, ou seja, não se trata de uma ação especificamente, mas trata-se de um grupo de ações negociadas em conjunto através de um único código de Bolsa. Na codificação as ações *Units* tem o código 11.

Evidente que ao longo do tempo (longo prazo) o investimento em ações é mais rentável que os investimentos de renda fixa, lembrando que no investimento em renda variável o investidor tem o binômio risco e oportunidade, portanto, **se investir corretamente terá bons resultados, caso contrário, poderá acumular perdas, em vista disso, qualquer investimento deverá ser analisado tecnicamente antes de ser realizado.**

Como resultado, surge a questão: Investir em ações é arriscado?

Se o investidor tem pressa, desconhece o mercado acionário e não elabora uma análise técnica do investimento com relação aos dados financeiros da empresa e projetos, a resposta é SIM, pois para obter resultados o investidor deve ter foco em longo prazo, paciência e além do mais reinvestir os dividendos e juros sobre capital próprio recebidos.

Evidente que as operações de compra e venda de ações pelo investidor devem ser realizadas através de uma corretora de valores, utilizando o software *home broker*, que pode ser disponibilizado para computadores pessoais e celulares. Portanto, o investidor deverá previamente escolher uma corretora de sua confiança, e realizar o seu cadastro para poder realizar as operações financeiras.

Outro fato que não podemos deixar de mencionar no caso das ações, é o caso de que as constantes compras e vendas de ações acarretam o pagamento de taxas de corretagem e custódia por cada operação realizada, lembrando que existem dois temas que devem ser levados em consideração: *Buy and Hold* (comprar e manter) e *Buy and Forget* (Comprar e esquecer).

Importante ressaltar com referência às operações de compra e venda realizadas, o investidor deve manter em arquivo as Notas de Corretagem fornecidas pela corretora para fins de elaboração da Declaração de Imposto de Renda Pessoa Física anual, com também, para fins de cálculo do Imposto de Renda a ser recolhido.

Figura 47 – Quadro Ilustrativo

Fonte: Autor (2020)

A seguir demonstramos um gráfico comparativo de rentabilidade da Bovespa em relação ao CDI, Dólar, Poupança, INPC e IPCA que por si só se explica:

9 – Investimentos em Renda Variável – Teoria & Prática

Para obtermos uma ideia genérica de rendimentos financeiros no ano 2018, 2019 E 2020 observe a tabela abaixo:

Figura 48: Quadro Comparativo

INDICE	RESULTADO ACUMULADO 2018	RESULTADO ACUMULADO 2019	RESULTADO ACUMULADO 2020
IBOVESPA	15,03	31,58	2,92
CDI	6,42	4,90	2,75
POUPANÇA	4,23	3,50	2,11
INPC	3,43	4,48	5,45
IPCA	3,75	4,31	4,52

Fonte: Autor (2020)

Figura 49: Gráfico Comparativo

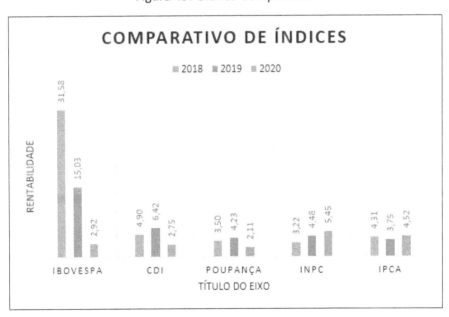

Fonte: Vide abaixo

9.1.1 AVALIAÇÃO DE PERFORMANCE DAS AÇÕES

O investidor deve através do próprio site da Bovespa acompanhar a performance de sua carteira de ações com a finalidade de avaliar a gestão da empresa, como também, diversas corretoras disponibilizam dados históricos do mercado acionário e os dados financeiros das empresas para análise do investidor, tais como:

www.fundamentus.com.br

www.br.investing.com

https://br.tradingview.com/

Respectivos dados que podem ser obtidos de forma textual ou gráfica são basicamente: Balanço Patrimonial, Demonstrativo do Resultado do Exercício, Demonstrativo de Fluxo de Caixa, Histórico e valor das cotações das ações dos últimos anos, distribuição de dividendos, além das análises financeiras com os respectivos índices e gráficos comparativos.

Nessa linha de raciocínio é altamente recomendável que o investidor antes de realizar um investimento em ações ou qualquer outro papel de renda variável (ou até renda fixa) consulte os sites acima descritos, e principalmente observe as recomendações a seguir:

> ➤ Na análise dos dados financeiros da empresa, observe a evolução dos seguintes índices ao longo do tempo: disponibilidades, endividamento, total do patrimônio, receita líquida, rentabilidade, margem de lucro, liquidez, capital de giro, ativos (estoque e imobilizado) etc.;
>
> ➤ Valor da cotação da ação ao longo do tempo, ultimas 52 semanas e anos anteriores (histórico de cotações);
>
> ➤ Análise de gráficos de tendências futuras;
>
> ➤ Se a empresa distribui dividendos (*yield*) anualmente para os acionistas, e além de analisar o quanto é distribuído;
>
> ➤ Se a empresa efetua pagamento de juros sobre capital próprio para os acionistas;
>
> ➤ Qual é o projeto atual e futuro da empresa (perspectivas);

9 – Investimentos em Renda Variável – Teoria & Prática

> ➤ Ramos da empresa (ramos prósperos e de produtos essenciais);
> ➤ Riscos e oportunidades no contexto da empresa;
> ➤ Riscos políticos;
> ➤ Informações de mercado.

Ainda nessa mesma linha de raciocínio, o investidor pode analisar o grau de *RATING* da empresa, que nada mais é que uma avaliação de risco de crédito que é elaborada no mercado para às empresas e até governos, por diversas agências especializadas que atribuem conceitos a qualidade e classificação de riscos de crédito destas empresas.

Podemos citar como exemplo as agências: Fitch Ratings, Standard & Poors, Moodys etc.

Caso o leitor tenha dificuldade em interpretar os dados contábeis financeiros das empresas que pretende investir, os quais são apresentados nos relatórios da Bovespa e das Corretoras, sugerimos consultar um profissional da área contábil financeira ou um Contador que certamente irá traduzir os dados acima em uma linguagem mais acessível para o investidor que por vezes não tem conhecimento técnico específico desta área.

9.1.2 – TRIBUTAÇÃO DAS AÇÕES

Os ganhos com a venda de ações, ou seja, o resultado positivo na alienação de ativos é tributado de acordo com a lei 11.033/04 e Instrução Normativa 1.585/15 da Receita Federal do Brasil, nos seguintes moldes:

01 – IRRF – Imposto de Renda Retido na Fonte na Venda realizado pela Instituição Intermediadora da venda a razão de 0,005% – Lei 11.033/04 artigo 2º, Inciso II, § 1º.

Destacamos também que de acordo com o § 7º do referido artigo, esta retenção pode ser compensada:

> § 7º O valor do imposto retido na fonte a que se refere o § 1º deste artigo poderá ser:
> I – deduzido do imposto sobre ganhos líquidos apurados no mês;

II – compensado com o imposto incidente sobre ganhos líquidos apurados nos meses subsequentes;

III – compensado na declaração de ajuste se, após a dedução de que tratam os incisos I e II deste parágrafo, houver saldo de imposto retido;

IV – compensado com o imposto devido sobre o ganho de capital na alienação de ações.

02 – Recolhimento realizado pelo investidor mediante DARF (Código 6015) sobre o ganho na alienação a razão de 15% a ser pago no último dia útil do mês subsequente – Lei 11.033/04, artigo 2º Inciso II.

03 – Isenções – conforme o artigo 3º, Inciso I da Lei 11.033/04 – Ficam isentos do imposto de renda – "os ganhos líquidos auferidos por pessoa física em operações no mercado à vista de ações nas bolsas de valores e em operações com ouro ativo financeiro cujo valor das alienações, realizadas em cada mês, seja igual ou inferior a R$ 20.000,00 (vinte mil reais), para o conjunto de ações e para o ouro ativo financeiro respectivamente. "Regulamento do Imposto de Renda artigo 35, Inciso VI, a, 1 Lei 9.580/18.

04 – Compensações – Conforme artigo 64 da IN 1585/2015 – "Para fins de apuração e pagamento do imposto mensal sobre os ganhos líquidos, as perdas incorridas nas operações que tratam os artigos 27, 58, 60 a 62 poderão ser compensadas com os ganhos líquidos auferidos, no próprio mês ou nos meses subsequentes, inclusive nos anos-calendário seguintes, em outras operações realizadas em qualquer das modalidades operacionais previstas naqueles artigos, exceto no caso de perdas em operações de *day trade*, que somente serão compensadas com ganhos auferidos em operações da mesma espécie".

9.2 A BOLSA DE VALORES – BOVESPA – B3

A bolsa de valores segundo Assaf Neto (2008, p. 693) "é um mercado *aberto e organizado onde são negociados títulos e valores mobiliários*. Se uma pessoa física ou jurídica decidir vender ou comprar uma ação, referida transação deverá ser feita na Bolsa de Valores".

O objetivo da Bolsa é organizar essas negociações em um ambiente seguro, eficiente e transparente, garantindo o recebimento do dinheiro das ações para o vendedor e o recebimento das ações para o investidor que efetuou a aquisição.

A bolsa também garante que suas ações sejam guardadas em um lugar 100% seguro, a CBLC – Companhia Brasileira de Liquidação e Custódia que tem essa responsabilidade no Brasil, portanto, as ações não ficam custodiadas em corretoras ou instituições financeiras.

Para investir em ações o investidor necessita ter obrigatoriamente uma conta em uma corretora de valores, as quais são as instituições que distribuem as ofertas de ações, fundos ou títulos e fazem a intermediação das negociações entre compradores, vendedores e a bolsa.

Vale destacar que os Bancos privados e públicos possuem corretoras de valores que também oferecem os mesmos serviços. O que o investidor deve levar em conta é a qualidade do serviço, atendimento, custo das operações e disponibilização de aplicativos para *smartphones* para o usuário.

Atualmente tudo funciona de forma eletrônica através do sistema *Home Broker* das corretoras, onde o investidor pode acessar diretamente a Bovespa para obter as cotações das ações e efetuar a compra e venda dos respectivos ativos em seu próprio computador ou *smartphone*.

Figura 50: Quadro Ilustrativo

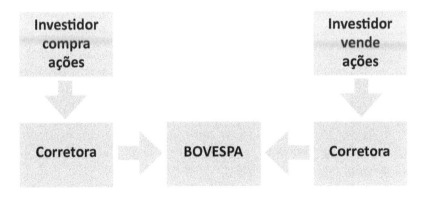

Fonte: Autor (2020)

Seu manuseio é muito simples, o investidor após analisar e escolher qual ação deseja comprar ou vender, o investidor entra no *home broker* da sua corretora e insere o código da ação e a quantidade que deseja comprar ou vender, neste mesmo instante o site já informa o valor atual da ação e o valor total da compra ou venda.

No site da corretora também se encontram disponibilizadas outras informações para o investidor, tais como: painel de cotação, *book* de oferta, *start, stop loss* etc.

Se o investidor concordar com a compra ou venda, basta inserir sua assinatura eletrônica digital e o valor será debitado ou creditado em sua conta na corretora de valores.

Para compra ou venda das ações o procedimento é idêntico.

Com a negociação feita, o valor das ações será debitado ou creditado da conta do comprador ou vendedor no mesmo dia (a noite).

Devido a essa rapidez e agilidade na "liquidação" dos negócios, existem operações que são realizadas onde o investidor não paga e nem recebe o valor total do negócio no momento da transação, mas apenas o lucro ou prejuízo das operações que realizou durante o dia.

Neste sentido, vale destacar a existência das operações de **Day Trade** onde o investidor pode operar no mercado financeiro durante todo o dia, podendo trabalhar com diversos tipos de ativos, como por exemplo compra e venda de moeda estrangeira.

Assaf Neto (2008, p.695) define o *Day Trade* como:

> Negociação ao longo de um dia. Todas as operações que envolvem compra e venda de ativos no mesmo dia são conhecidas por *day trade*. São operações especulativas, produzindo ganhos a partir de pequenas oscilações nos preços de mercado.

Alertamos que este tipo de operação envolve um grau de risco consideravelmente elevado, porém, existe a possibilidade de auferir uma rentabilidade diferenciada.

Ainda destacando operações de risco, temos ainda o **Mercado de Opções,** onde o investidor compra ou vende o direito de uma ação no futuro, mediante um prêmio.

9.3 FUNDOS IMOBILIÁRIOS – FII

Figura 51– Quadro Ilustrativo

Fonte: Autor (2020)

O investidor adquire cotas do fundo imobiliário, onde a carteira de ativos **é** composta por **imóveis,** tais como: Shopping Centers, Hospitais, Centro de Logística, Centros de Distribuição, Hotéis, recebíveis imobiliários, Lajes Corporativas, Galpões industriais etc., ou ainda, investir títulos **(papeis)** do mercado imobiliário (CRI e LCI), ou ainda, fundo de desenvolvimento (construção de empreendimentos).

Podemos afirmar que o fundo imobiliário é a reunião de várias pessoas que querem investir em imóveis ou títulos do mercado imobiliário.

É um mercado em crescimento, principalmente nos últimos meses, em virtude da baixa da taxa de juros, conforme se observa no gráfico abaixo:

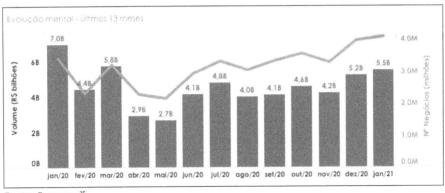

Fonte: Bovespa [35]

[35] http://www.b3.com.br/pt_br/produtos-e-servicos/negociacao/renda-variavel/fundos-de-investimentos/fii/boletim-mensal/ – acesso em 14.02.2021

A forma para realização do investimento em fundos imobiliários é similar ao investimento em ações, ou seja, é realizada através de corretora na bolsa de valores, através do *home broker* do investidor.

Tem como vantagem isenção do imposto de renda para pessoa física sobre aluguéis (ao contrário da locação normal para pessoa física que é de 27,5% de IR), liquidez, valorização das cotas, e em caso de ganho de capital a alíquota é de 20%, além de receber rendimentos mensais.

Portanto, o investidor torna-se **sócio** da carteira imobiliária do fundo, porém, é evidente que antes de adquirir as cotas o investidor deverá analisar **a qualidade e a composição dos ativos do fundo, pois a seleção dos imóveis fica a cargo dos gestores do fundo, bem como, as demonstrações financeiras devem ser na analisadas previamente.**

Evidente que o investidor também deverá levar em conta os seguintes riscos: ambiente macroeconômico, liquidez das cotas, desvalorização de imóveis, riscos de mercado, crédito.

Para que o investidor possa avaliar estes respectivos dados, sugerimos três sites que fornecem o histórico dos fundos ao longo do tempo:

www.funds.explorer.com.br

www.fiis.com.br

www.clubefii.com.br

A título de sugestão recomendamos analisar de forma técnica previamente os seguintes itens antes de efetuar qualquer investimento em fundo imobiliário:

- Objetivo do fundo: Imóveis ou Papéis imobiliários
- Qualidade dos ativos (imóveis e ou papeis)
- Localização dos imóveis
- Taxa de vacância dos imóveis (desocupação)
- Rendimento mensal – Dividendo – *Yield*
- Rentabilidade das cotas ao longo do tempo
- Comparar o valor do patrimônio e o valor da cota
- Histórico de emissão de cotas por parte do FII
- Analisar informações relevantes fornecidas pelo FII

- Reputação do gestor do fundo
- Analisar as taxas de: gestão, administração e performance (o que exceder o *benchmark*[36])

Evidente que riscos existem, os quais, são os mesmos de um imóvel próprio, tais como: Inadimplência, vacância ou eventual desvalorização.

O perfil do investidor também deverá ser levado em consideração na escolha do fundo (conservador, moderado ou arrojado), principalmente será necessário definir se o objetivo do investidor é receber um aluguel mensal ou valorização das cotas do fundo.

Figura 52: Quadro demonstrativo extraído do site da Wikipedia

Fonte: vide abaixo[37]

---

36 Benchmark – Preço de referência de mercado. Migliavacca, Paulo Norberto. Dicionário trilingue de termos de negócios. São Paulo: Edicta, 2003.
37 https://pt.wikipedia.org/wiki/Fundo_de_Investimento_Imobili%C3%A1rio – acesso em 03.12.2019

A Bovespa destaca em seu site[38] as principais vantagens dos Fundos de Investimento Imobiliário:

✓ Permite ao investidor aplicar em ativos relacionados ao mercado imobiliário sem, de fato, precisar comprar um imóvel.

✓ Não há a necessidade de desembolsar todo o valor normalmente exigido para investimento em um imóvel.

✓ Diversificação em diferentes tipos de ativos do mercado imobiliário (ex.: shopping centers, hotéis, residências etc.).

✓ As receitas geradas pelos imóveis ou ativos detidos pelo fundo são periodicamente distribuídas para os cotistas.

✓ Aumento nos preços dos imóveis do fundo gera aumento do patrimônio do fundo e, consequentemente, valorização do valor das suas cotas.

✓ Todo o conjunto de tarefas ligadas à administração de um imóvel fica a cargo dos profissionais responsáveis pelo fundo: busca dos imóveis, trâmites de compra e venda, procura de inquilinos, manutenção, impostos etc.

✓ As pessoas físicas estão isentas de imposto de renda distribuídos pelo FII, desde:

I – As cotas do Fundo de Investimento Imobiliário sejam admitidas à negociação exclusivamente em bolsas de valores ou no mercado de balcão organizado;

II – O Fundo de Investimento Imobiliário possua, no mínimo, 50 (cinquenta) quotistas; e

III – não será concedido à quotista pessoa física titular de quotas que representem 10% (dez por cento) ou mais da totalidade das quotas emitidas pelo Fundo de Investimento Imobiliário ou cujas quotas lhe derem direito ao recebimento de rendimento superior a 10% (dez por cento) do total de rendimentos auferidos pelo fundo.

---

38   http://www.b3.com.br/pt_br/produtos-e-servicos/negociacao/renda-variavel/fundos-de-investimento-imobiliario-fii.htm – acesso em 05.10.2019

9.4 DEBÊNTURES

Figura 53: Quadro Ilustrativo

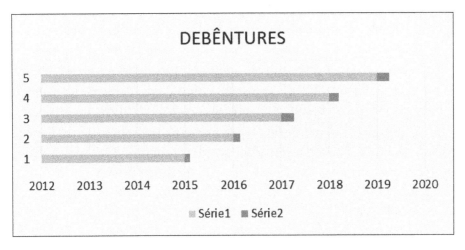

Fonte: Autor (2020)

São títulos de crédito de médio e longo prazo emitidos por Sociedades Anônimas de capital aberto, as quais possuem ações na Bolsa de Valores e emitem estes títulos para captar recursos dos investidores para realizar determinados projetos e atividades. Em síntese, é um empréstimo que a empresa faz junto ao mercado financeiro.

Sá (2009, p. 132) define a conta debêntures das empresas como:

> Título de conta que designa os registros dos valores dos títulos de dívida emitidos pelas Sociedades por Ações. É uma conta de passivo exigível, podendo ser a curto ou longo prazo, segundo o tempo no qual vão sendo vencidos os títulos para efeito de resgate.

Assaf Neto (2019, p. 86) define em as Debêntures como:

> São títulos da dívida de longo prazo emitidos por sociedades por ações e destinados, geralmente ao financiamento de projetos de investimento (fixo e giro), ou para alongamento do perfil do endividamento das empresas.

Constitui-se, em essência num instrumento no qual o tomador de recursos (emitente do título) promete pagar ao aplicador (debenturista) o capital investido, acrescido de juros, em data previamente acertada.

As debêntures precisam de autorização prévia da Comissão de Valores Mobiliários – CVM para serem emitidas e ofertadas ao público através da Bolsa de Valores e Corretoras.

Geralmente são títulos de longo prazo e oferecem diversas formas de remuneração para o investidor, costumeiramente indexando a um índice mais uma taxa fixa anual, ou seja, o rendimento pode ser prefixado ou pós-fixado, assim como, o rendimento pode ser pago de forma semestral ou anual ou ainda de outra forma prevista contratualmente, podendo ser negociada no mercado secundário, portanto, há possibilidade de resgate diário.

Vale lembrar que existe uma categoria de debêntures denominada "Debêntures Conversíveis", as quais no respectivo vencimento podem ser convertidas em ações a critério do investidor ao invés de regata-las.

Por serem negociadas no mercado secundário, algumas debêntures possuem liquidez razoável, e, portanto, existe a possibilidade de resgate diário, ou seja, o portador pode vende-la.

Importante destacar que o investidor deverá analisar o risco de crédito que a empresa representa, pois, este tipo de investimento não tem garantia do FGC.

10
CONSIDERAÇÕES FINAIS

Figura 54: Quadro Ilustrativo

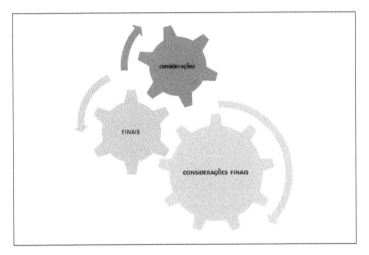

Fonte: Autor (2020)

O objetivo deste trabalho é contribuir com o cidadão no sentido de fornecer informações, ferramentas e conhecimento técnico básico para controle das finanças pessoais, evitar despesas desnecessárias, objetivando atingir sua independência financeira, refletir sobre sua aposentadoria futura, evitar ou reduzir o endividamento e conhecer e avaliar as possibilidades de investimento em renda fixa e renda variável de modo a maximizar seus rendimentos financeiros.

Evidente que no tocante a escolha de investimento entre renda fixa e renda variável o investidor deve saber do risco que está disposto a correr, seja na renda fixa ou renda variável, pois dependendo da escolha, contingências no mercado financeiro e político, perdas podem eventualmente ocorrer, portanto, é sempre altamente recomendável uma carteira de investimentos diversificada medindo o grau de risco e exposição de cada investimento e nunca deixar seus ovos em um único cesto, portanto, **deve obrigatoriamente limitar sua exposição em renda variável.**

Dessa forma, apresentamos ferramentas de avaliação de investimentos para fins de aquisição, assim como, para medição da performance dos respectivos ativos que foram adquiridos pelo investidor, transformando-se em uma poderosa ferramenta para tomada de decisões de compra e venda.

Em todos os casos o investidor deve de maneira imprescindível antes de investir, fazer uma análise técnica do investimento que está comprando (dados contábeis financeiros), portfólio, informações de mercado, projetos e características, tais como: garantias, prazo, rentabilidade, e caso necessário consultar um ou mais analistas de mercado ou contador.

Um outro fator importante que não podemos deixar de mencionar, e deve ser considerado pelo investidor é a criação de reservas para eventuais contingências que podem ocorrer em nossas vidas, tais como: desemprego, acidentes etc., nesta ambiência a sugestão que se crie uma reserva de aproximadamente 12 a 24 meses aplicada em investimentos de liquidez diária em investimentos sólidos.

Ademais, com a queda da inflação e dos juros em nosso país, o investidor que desejar obter uma renda financeira acima dos índices de inflação, terá que obrigatoriamente que diversificar os seus investimentos em renda fixa e variável, e acredite, todos nós temos potencial para investir com sabedoria, calculando os riscos de forma conservadora de modo que o nosso patrimônio não seja afetado.

Não pretendemos esgotar o tema, e sim, divulgar o conhecimento e experiências adquiridas para que possamos fazer uma avaliação de nosso estágio atual e planejar um futuro brilhante.

Vale destacar que também em hipótese alguma não efetuamos nenhuma sugestão para investimento em renda fixa ou variável, ou ainda sugestão de Bancos e Corretoras, pois a liberdade de escolha cabe EXCLUSIVAMENTE ao investidor.

10 – Considerações Finais

Figura 55: Quadro Ilustrativo

Fonte: Autor (2020)

E LEMBRE-SE

SE VOCÊ ESTA OBTENDO RESULTADO POSITIVO, SIGA EM FRENTE, CASO CONTRÁRIO É O MOMENTO DE MUDAR A TÁTICA.

A MAIORIA DAS PESSOAS NÃO ESTÁ DISPOSTA A MUDAR, FALA, MAS NÃO FAZ O QUE FALA.

TEMOS QUE FAZER O QUE TEM QUE SER FEITO, TUDO NA VIDA É UM PROCESSO DE TRANSFORMAÇÃO.

E SEJA VOCÊ A PESSOA QUE VAI FAZER A DIFERENÇA

SÓ QUERER NÃO É PODER, PRECISA TER ESTRATÉGIA

11
REFERÊNCIAS BIBLIOGRÁFICAS

ASSAF NETO, Alexandre. *Mercado Financeiro*. São Paulo, Atlas, 2018/9.

ASSAF NETO, Alexandre. *Mercado Financeiro*. São Paulo, Atlas, 2008.

Brighan, Eugene F., Houston, Joel F. *Fundamentos da moderna administração financeira*. Rio de Janeiro: Elsevier, 1999.

CAROTA, José Carlos. *Inteligência Empresarial*. Rio de Janeiro: Freitas Bastos, 2017.

Migliavacca, Paulo Norberto. *Dicionário trilingue de termos de negócios*. São Paulo: Edicta, 2003.

MILL, Alfred. *Economia*. São Paulo; Gente, 2016.

Neto Assaf, Alexandre. *Finanças corporativas e valor*. São Paulo: Atlas, 2008.

ORWELL, George. *1984*. São Paulo: Editora Schwarcz, 2009.

PRADO, Lourenço. *Alegria e triunfo*. São Paulo: Editora o Pensamento, 2013

ROSS, Stephen A., WESTERFIELD, Randolph W., JAFFE, Jeffrey F. *Administração financeira – **corporate finance***. São Paulo: Atlas, 2007.

SÀ. Antônio Lopes, Sá Ana Maria Lopes de. *Dicionário de Contabilidade*. São Paulo: Atlas, 2009.

SCHWAB, Klaus. *A quarta revolução industrial*. São Paulo: Edipro, 2017.

SILVA, De Placído E. *Vocabulário jurídico*. Rio de Janeiro: Forense, 1984.

TOFLER, Alvin. *O choque do futuro*. Rio de Janeiro: Record, 1970.

TOFLER, Alvin. *A terceira onda*. Rio de Janeiro, Record, 1980.

11 – Referências Bibliográficas

Webgráficas

http://www.b3.com.br/pt_br/produtos-e-servicos/negociacao/renda--variavel/acoes.htm – Acesso em 05.10.2019

http://www.b3.com.br/pt_br/produtos-e-servicos/negociacao/renda--variavel/acoes.htm – Acesso em 02.12.2019

http://www.b3.com.br/pt_br/produtos-e-servicos/negociacao/renda--variavel/fundos-de-investimento-imobiliario-fii.htm – Acesso em 05.10.2019

http://www.b3.com.br/pt_br/produtos-e-servicos/tesouro-direto/informacoes-tecnicas.htm – Acesso em 05.10.2019

https://www.bcb.gov.br/estatisticas/indicadoresselecionados – Acesso em 12.01.2020

https://www.fgc.org.br/garantia-fgc/fgc-nova-garantia – Acesso em 06.10.2019

https://fgc.org.br/sobre-o-fgc/quem-somos – Acesso em 02.12.19

http://receita.economia.gov.br/acesso-rapido/tributos/irpf-imposto--de-renda-pessoa-fisica – Acesso em 05.10.2019

https://previdenciarista.com/blog/tabela-inss-em-2021-veja-o-valor--da-contribuicao-e-reajustes-dos-beneficios/ – Acesso em 02.02.2021

http://www.fazenda.gov.br/noticias/2017/setembro/conheca-os-beneficios-tributarios-destinados-a-pessoa-com-deficiencia – Acesso em 10.10.2019

http://receita.economia.gov.br/acesso-rapido/tributos/irpf-imposto--de-renda-pessoa-fisica – Acesso em 05.10.2019

https://pt.wikipedia.org/wiki/Fundo_de_Investimento_Imobili%-C3%A1rio – Acesso em 03.12.2019

http://www.b3.com.br/pt_br/market-data-e-indices/servicos-de-dados/market-data/cotacoes/ – Acesso em 03.01.2020

http://www.planalto.gov.br/ccivil_03/_ato2015-2018/2018/decreto/D9580.htm – Acesso em 17.12.2019

http://www.planalto.gov.br/ccivil_03/constituicao/constituicao.htm – Acesso em 17.12.2019

https://www.inss.gov.br/confira-as-principais-mudancas-da-nova-previdencia/ – acesso em 06.01.2020

https://agenciadenoticias.ibge.gov.br/agencia-sala-de-imprensa/2013-agencia-de-noticias/releases/26104-em-2018-expectativa-de-vida-era-de-76-3-anos -Acesso em 27.02.2020

http://normas.receita.fazenda.gov.br/sijut2consulta/link.action?visao=anotado&idAto=67494 – IN 1.585 RFB – Artigo 5º – acesso em 27.02.2020

https://www.bb.com.br/docs/pub/inst/dwn/TabIOFRegressivo.pdf – acesso em 03.06.2020

https://www.ibge.gov.br/estatisticas/economicas/precos-e-custos/9256-indice-nacional-de-precos-ao-consumidor-amplo.html?t=destaques – acesso em 02.02.2021

http://www.b3.com.br/pt_br/produtos-e-servicos/negociacao/renda-variavel/fundos-de-investimentos/fii/boletim-mensal/ – acesso em 14.02.2021

https://meu.inss.gov.br/central/#/login – acesso em 19.06.2021